投資論

渡邊利春

文芸社

投資論――目次

目　次

第一章　日本人は投資嫌い

日本人は投資が嫌いである。

一般的な感覚として、「お金は、汗水たらして働いて稼ぐものであって、楽して稼ぐものではない」と考えている。

投資は確かに、一週間や二週間、いや、上手くいけばたったの一日で投資資金が何倍にもなることだってある。しかし、決して楽して稼いでいる訳ではない。何も考えずに軽い気持ちで儲かったということもあるが、大抵の場合は、色々考えた上で決断を下し、不安を感じたりしながら取引しているものである。体は使っていないかもしれないが、脳のなかではたくさんの汗水をたらしているのである。もちろん、いつも儲かるというものではなく、大損をすることだってある。

投資とは、お金に余裕がある一部の人や元々好きな人がするもので、自分には縁のないものだと思っている人は非常に多い。

さて、投資といっても色々と種類があって、株式に投資信託、商品取引、不動産と様々なものがある。近頃は、デリバティブ（金融派生商品）も増えてきて、色々な商品が出てきている。

そういったなかで、実際に千四百兆円あると言われる日本の個人金融資産は一体どうなっているのかというと、左のグラフのようになっている（図1）。

現金・預金は五四％と圧倒的に多く、株・投資信託は合わせても七％に過ぎない。保険が二八％あるが、これも殆どは運用目的ではないから、日本人が投資している割合は非常に低いことが分かる。

アメリカと比較してみると顕著である。アメリカでは、現金・預金は一二％に過ぎない。また、株と投資信託を合わせて三〇％と日本の四倍以上ある。債券も倍の割合である。こ

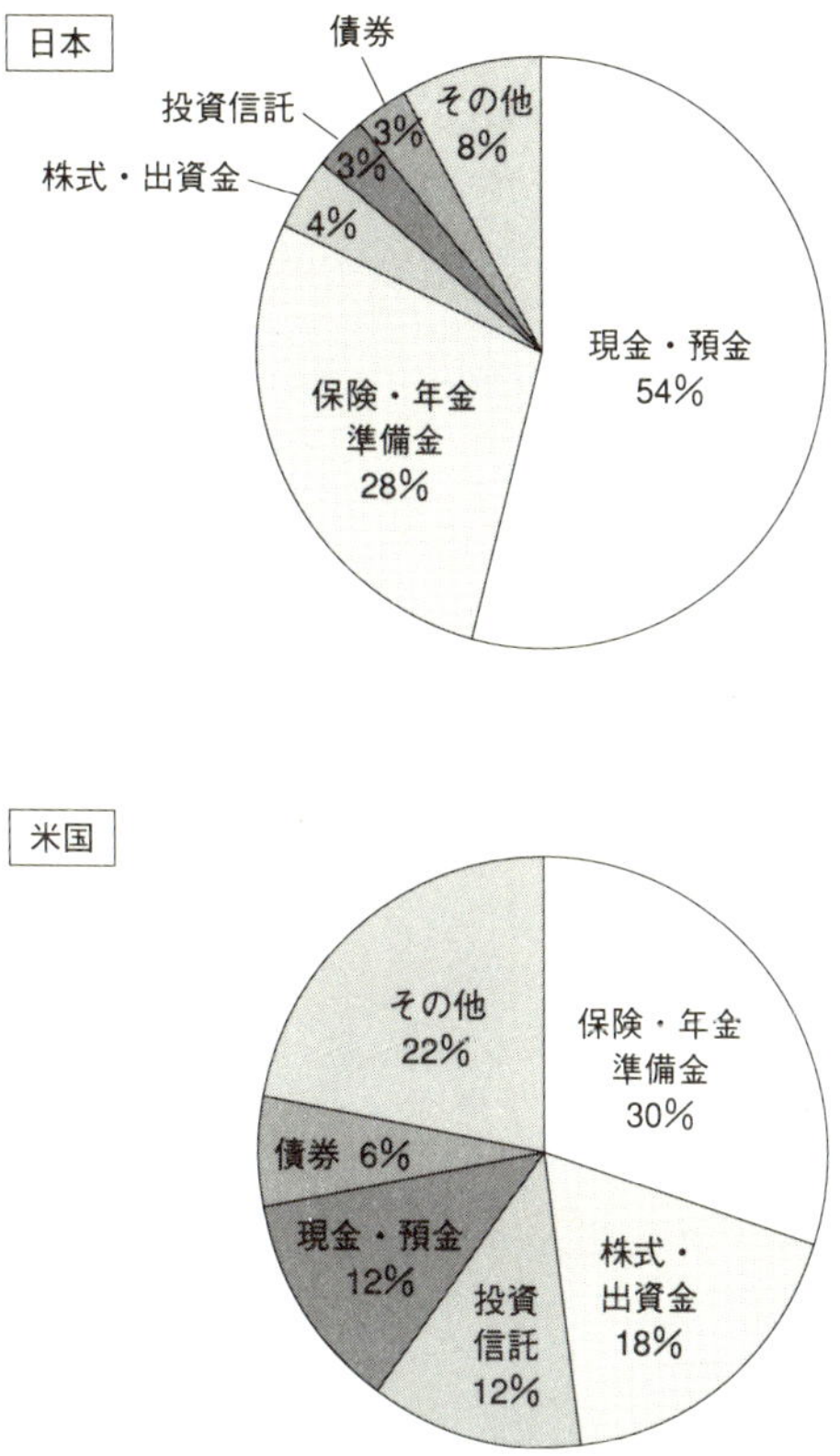

奥本英一朗監修・投資クラブ〔楽しみ学んで株に強くなる〕（生活人新書108）．p.19，NHK出版，2004．

図1　日本と米国の個人金融資産構成

れほど日本とアメリカで資産運用の仕方は異なるのである。

日本人には、銀行や郵便局などにお金を預けているだけで他は何もしていない、という人が実に多い。銀行口座などは複数あっても何ら珍しいことではない。私が小学生の時など、学校で毎月郵便貯金をやらされていたものである。それほど預貯金の好きな民族である、ということなのであろう。

勘違いしないで頂きたいが、それがいけないことだと言っているのではない。アメリカが正しくて、日本が間違っている、ということではない。それは、それぞれの国で考え方が異なるのだから当然のことである。ただ、日本とアメリカを比較した時にこれだけの違いが現れるのは何故なのであろうか?

私が考えるに、先ず、日本人は二千年来の農耕民族である、ということが挙げられると思う。種を蒔いて、水を与え、そして収穫していく。何ヶ月もかけて、こつこつと地道な作業を行い、収穫したものは大切に貯えておく。この貯えるということがミソで、狩猟民族のように獲物は獲ったらその都度消費していくのではなく、貯えたものは長い時間をかけて徐々に消費していく。汗水たらしてせっせと貯えたものは、無駄に使ってしまうのではなく、計画的に大切に使っていくという考え方なのである。

だから、現代でも一生懸命働いて稼いだお金は銀行や郵便局に預け、無駄遣いは極力避けるようになっているのではないだろうか？

次に、日本が島国で外国からの侵略が少なく、比較的平和な時代が長かったからではないか、と考えている。

平和な時代でも現状に満足出来ず、積極的に活動するという人間はいるが、大抵の人間は現状に満足し、余計なことはしたがらないものである。何か行動を起こすと、何もしなければ今まで通りに進んでいたことが、変わった結果をもたらすことになりかねないからだ。

もちろんよい方向に変わることもある。だが、悪い方向に変わることもある。一か八かの要素を含むのである。現状が余程ひどいものであれば動くかもしれないが、平和であれば普通はわざわざそれを変えてしまうリスクは避けるものである。だから、余程切羽詰まった状況でなければ動かない。それこそ幕末に黒船が来て、このままでは日本が滅びてしまうのではないかという状況にならないと、明治維新のようなことはなかなか起きないものなのだ。

平和である限りは、普段通りに生活して余計なことはしないものである。日本は平和な時代が長いものだから、普段の仕事以外に他のことをあまり考えてこなかったのだと思う。

以上のようなことから、日本人はあまり投資というものを好まない民族になったのではないかと思う次第である。

第二章　投資家の必要性

ご存知のように、日本は資本主義の国である。

私有財産が認められており、自分のお金は自分で自由に使うことが出来るし、そのことは憲法にも保証されている。だから投資をするかしないかはもちろん個人の自由であるが、資本主義の国であるから、投資家という人々の存在は欠くことの出来ないものである。

会社には株式会社、有限会社、合名会社、合資会社、相互会社があるが、この中で一番資金が集まりやすい会社は株式会社である。だから、誰もが名前を知っている会社はたいがい株式会社である。株式会社は店頭公開、二部上場、一部上場と段階をおって、その規模は大きくなっていく。

では、何故株式会社は資金が集まりやすいのか。それは株式を発行し、市場を通して不特定多数の人達からお金を集めることが出来るからである。

株を購入してもらうことによって、その株を発行した会社に出資という形でお金が入る。しかも、このお金は借入れや社債などと違って借金ではない。借金であれば、そのうち元本に金利を上乗せして返さなければいけないが、株の場合はあくまで出資なので、返済の必要はないのである。

もちろん、株を売却する人がいる場合にはその人にお金が入る。買った時より株価が値上がりして売却すればそれが利益となり、値下がりして売却すれば損失となる。理論上は、二倍、三倍といくらでも利益を上げることが出来るが、逆に会社が倒産すれば株価は〇円になるので、購入時の代金に手数料を加えたものが損失の最大となる。

つまり株を購入した人は、市場の金利よりははるかに大きな利益を得られる可能性がある反面、損をする可能性があるということである。

逆に、会社側はたくさんの投資家から資金を集めることが出来、しかもそのお金は返す必要はない。ただし、会社に利益が出た時は配当という形で利益を還元することはある。

事業を始めるには、何といってもお金が必要である。事業所が必要だし、備品も要る。電気代などの光熱費も必要だし、電話代など諸々の経費がかかってくる。そういう資金を市場からたくさん集めることが出来るのが、株式会社のメリットである。そのお金で設備投資を行い、新事業を展開して、会社の規模を大きくすることが出来るのである。

だからこそ、投資家と呼ばれる人々が重要になってくる。

もし、みんながみんな「株なんか買うものじゃない」と言って誰も株を買わなかったとしたら、企業は資金がなかなか集まらず、事業を拡大するのが難しくなってくる。確かに経営者や役員などは自分の会社の株を保有しているものであるが、人数が限られているので集まる資金にも限度がある。それよりは市場の何千、何万という人達から少しずつでもお金を集めてきた方が、より豊富な資金が入ってくるのだ。だから、企業にとっては投資家は貴重な存在なのである。

また、経済というものはお金がどれだけ回っているかということが大きくものを言う。そもそも全くお金が動かなければ金利などつく余地はない。企業が事業をするにあたって、必要な資金を借り入れ、それを使って商品を製造し、販売することによって利益を上げ、その利益のなかから金利を上乗せして借りたお金を返すのである。

もちろんお金が過剰に回ることもある。そういう時は後からその皺寄せが来る。ただ、一般的には、お金が回れば回るほど景気はよくなってくる。

分かりやすいので株式市場を例に挙げたが、その他の投資商品についても、投資家が資金を投入することによって経済は活発になっていく。だから、投資家という人達は非常に重要な存在なのである。

第三章　昨今の投資環境

一章で述べたように投資嫌いな日本人ではあるが、昨今の投資環境は随分と変わってきている。高度経済成長により金銭的に豊かになったことと、インターネットやミニ株などにより投資というものが手軽に、そして少額の資金からも始められるようになったことなどが原因である。

投資には、株式、投資信託、債券、商品先物取引、不動産など様々な商品があるが、最近ではオプションやスワップなどのデリバティブが発達して、商品の多様化はどんどん進んでいっている。

もちろん、投資は「ないと生きていけない」というものではないので、する・しないは個人の自由である。また、するにしてもタイミングというものがあるので、いつするか、いつやめるか、というのも自由である。

さて、現在の状況の中で重要なことの一つとして、今の日本は世界でも稀にみる超低金利である、ということが挙げられる。

こうした状況であるから、預貯金だけでなく、他の資産運用を考える人々が増えてきた。しかし、今まで他の資産運用について殆ど知識がなかったものだから、営業マンのいい話——これは必ずしも騙されているという意味ではない——に簡単に乗ったり、よく知らないまま投資したりして、トラブルになってしまうことが多い。これは、投資商品を販売している会社側に問題がある場合もあるが、投資家の方に問題がある場合もある。

だが、自分の大切なお金を動かすのであれば、自分自身で責任を持って取引をし、儲けようが、損しようが、その結果についてはどんな状況であろうと、自分自身に責任を帰属させなければならない。その為には、分からないことがあれば、人に聞くなり、自分で調べるなりして勉強するべきである。会社側に問題がある場合については、法律が整備されつつある。

今まで述べてきたように、日本の投資環境というものは随分とよくなってきた。後は、投資をする人達が自己責任において、どのように判断をしていくかということになってくるのではないかと思う。

第四章　丁半博打

投資について考えていく上で分かりやすい例として、丁半博打というものを挙げてみる。

丁半博打とは、ご存知の方も多いと思うが、サイコロを転がして、丁（偶数）か半（奇数）かを賭ける賭博のことである。こういう例を持ち出すと「投資はギャンブルである」と言っているようであるが、あくまで分かりやすい例として挙げているだけなので、勘違いしないでいただきたい。確かにギャンブル的要素はあるが……。

さて、仮にあなたが百万円のお金を持って、丁半博打に臨んだとする。当たれば賭けた金額分が儲けとなり、外れれば賭けた金額がまるまる損となる。もちろん賭け方は自由である。あなたならどのように賭けるであろうか？

当たって一番増える賭け方は、常に全額賭けていく場合である。百万円が二百万円になり、二百万円が四百万円になり、以下どんどん倍になっていく、という寸法である。

しかし、もちろんこれはあくまで当たり続けた時の場合であって、この賭け方だと外ればその時点で〇円になってしまう。現実の問題として、どんなに勘が優れているからといっても百発百中というわけにはいかない。八百長でもしない限りは……。

確率的に見た時、丁半博打はその都度、丁か半かが五〇％の割合で出るので、五回連続で当たる確立は三％程度に過ぎないし、十回連続なら〇・一％にも満たない。ずっと当て続けることがいかに困難かが分かるであろう。したがって、常に全額を賭けていくというやり方ではいずれ「すっからかん」になるのが目に見えている。

だから、殆どの人はこういう賭け方はしないものである。全額を賭けるのではなく、一部ずつ賭けていくのである。人によってそれぞれ賭け方は違うので、思いきっていく人は半分以上賭けるかもしれないし、慎重な人は一割くらいでこつこつやっていくかもしれない。もちろん、同じ人でも状況によって賭け方を変えてくるだろう。例えば、丁が三回連続出た場合などは次こそは半だろう、と考えて今までより大きく賭けるであろう。

このような例を挙げてみると非常に当たり前に思えることが、実際に投資をしている人を見ていると出来ていないことが多い。投資で儲かったお金をそのまま上乗せして次の投資をし、これも上手くいくと更に上乗せしていくという方法をとるのである。

丁半博打の例で言えば、百万円が二百万円になり、二百万円が四百万円に……、というように賭けているのと同じである。

確かに、勢いに乗ることは大切かもしれない。だが、この方法ではいずれ、全部とは言わないまでも、殆どなくなってしまうのは必定だ。せっかく上手くいっていたのに、と思っても後の祭りなのである。

では、何故こういう結果に陥るのかと言えば、欲をかき過ぎて熱くなってしまったからである。大抵の人は、投資をするに当たって、初めは自信もないし、色々と不安があるので少額の資金から始めるものである。もちろん絶対に儲かるというものは存在しないので、この時も儲かるか損するかは分からない。

そして、最初から損をした人は、やはり次はもうやらないことが多い。自分でもそれなりに自信を持ってお金をつぎ込んだのに、それが失敗してしまったからである。自分には向かないのかもしれないと思う人もいるだろう。もちろん、次もめげずにチャレンジしていく人もいるだろう。

それに対して、儲かった人達は更に儲けようとして投資していくものである。儲けが多ければ多いほどやめられなくなってしまう。どんどん欲が深くなってしまうのである。

例えば、最初に試しで百万円で投資したものが百十万円になったとする。最初なので百万円で始めてみたが、この時「もし、もっと大きな金額で取引していたら……」ということを、殆どの人が考えてしまうであろう。一千万円だったら百万円儲かっているし、一億円だったら一千万円の利益が計上できたのに、と。もちろん、元々ありもしない大金を思い描くのはただの夢物語に過ぎないが、極端な話であれば、あの時、思い切って借金してまで投資していたら利息を返してもこんなに儲かっていたのに……、と思ってしまうかもしれない。

これは結果から物事を捉えた考え方なので全く意味のないものであるが、それが分かっていても、人間はこのように考えてしまうものである。すると次は、前回よりは思い切った投資をして、もっと儲けてやろう、と考えてしまう。

前回以上のチャンスだというのであれば確かにそれでいいのだが、殆どの場合、もっと儲けたいという欲求からや、根拠のない自信によって調子に乗ってしまった、というものである。ここに大きな落とし穴がある。

誰しも、同じ儲かるのなら小さな儲けよりも大きな儲けの方がいいに決まっている。しかし、利益が大きくなるほど欲も大きくなり、つぎ込む金額も大きくなっていく。すると、丁半博打の場合を考えれば分かるが、投資金額が大きければ大きいほど、儲かる金額も大きいが、逆に損する金額も大きくなる。ハイリスク・ハイリターンということになる。

例えば、株を一万株買った時に株価が百円上昇すれば百万円の利益となるが、十倍の十万株を買った場合には、たったの十円下がっただけで同じ百万円が無駄になってしまう。このケースをよく考えてみると、百円上がるまで辛抱し続けて儲かったものが、十倍の投資をすることによって、ほんの十円の下落だけで無に帰してしまった、ということである。今までの苦労は何だったのか？　ということになる。

このように見てみると、うかつに儲かったお金を次につぎ込むのもいかがなものかと思うだろう。

どんなことにしてもそうだが、常に勝ち続けるということはまずあり得ない。必ずいつか敗れるものである。そして恐ろしいことに、百戦して仮に九十九連勝していても、最後の最後で一敗してしまっただけで今までの勝ちを全く意味のないものにしてしまう、ということがままあるのだ。

丁半博打で常に全額つぎ込んでいれば、勝ち続けて五倍、十倍となったところで、次に負けてしまえばゼロになる。はっきり言って何もやらなかった方がよかった、ということになる。

要は、勝っている時ほど慎重に、そして冷静にならなければいけないのである。

そして、後はいつどのタイミングでやめるか、ということが大切になってくる。途中まで順調にいって増やしたのに最後の最後で失敗して損してしまったというのでは、結果として最初から失敗して損したのと何らかわりがない。せいぜいよい教訓が得られた、という程度のことに過ぎない。

投資はやり方によって色々と複雑なものになるが、丁半博打のように、丁か半かという単純な視点から見てみると、そんなに難しいものではなくなってくると思う。

第五章　超低金利

日本人が預貯金が好きな民族ということは、今まで述べてきた通りである。日本人で、銀行や郵便局に口座を一つも持っていない、という人は殆どいないであろう。むしろ、複数の口座を持っているのは珍しいことではない。

しかし、現在の超低金利という状況はその預貯金をしている人々にとっては甚だ困った状況である。借金をしている人にとってはむしろ好都合ではあるが……。

現在の普通預金の金利は〇・〇〇一％ほどである。これだと一千万円のお金を預けても一年間につく金利はたったの百円に過ぎない。しかも、ここから税金として二〇％とられるのだからたまったものではない。やむをえず他行で引き出したりすれば、その手数料だけで金利などなくなってしまうのである。「通帳のシミかと見れば金利なり」などというような川柳が詠まれるのももっともなことである。

しかし、この日本でも一九九〇年頃は金利が六%あった。もっと以前には、更に金利が高い時代もあった(図2)。仮に六%の金利で一千万円を預けると、一年間に六十万円の金利がつくことになる。現在の百円と比べると雲泥の差である。

最近、「七二の法則」という言葉を聞いたことがある。これは預けたお金が何年で二倍になるかを計算する目安となるもので、例えば六%の金利であれば72÷6=12で十二年という計算になる。〇・〇〇一%ならば、72÷0.001=72000で七万二千年となる。これはあくまで目安に過ぎない。とはいえ、十二年なら待つことが可能だが、七万二千年では自分の代どころか随分と先の子孫の代にならないと二倍にならないということだ。それほど今の低金利は、預貯金している人達にとってはひどいものだと言えるだろう。

では、金利を上げればいいではないか、ということになるが、これがそうも簡単にはいかない。

銀行は預金者に利息を払うが、これはもちろん銀行の収益から出されている。その収益には色々なものがあるが、そのうちの一つに預金者から集めたお金を企業に貸し出し、そこから利息をとる、というものがある。もちろん、企業から受け取る利息の方が預金者へ支払う利息より金利が高い。その差額が利ザヤとして銀行の収入となる。

つまり、金利が上がれば企業が銀行へ返済する際の金利も上がってしまい、企業の負担が増えるということである。

ここで問題になってくるのが、実はこのことなのである。

現在は景気が良くない。景気が良くないから、金利が高くなれば企業はお金を借り入れて積極的に設備投資をすることが少なくなる。

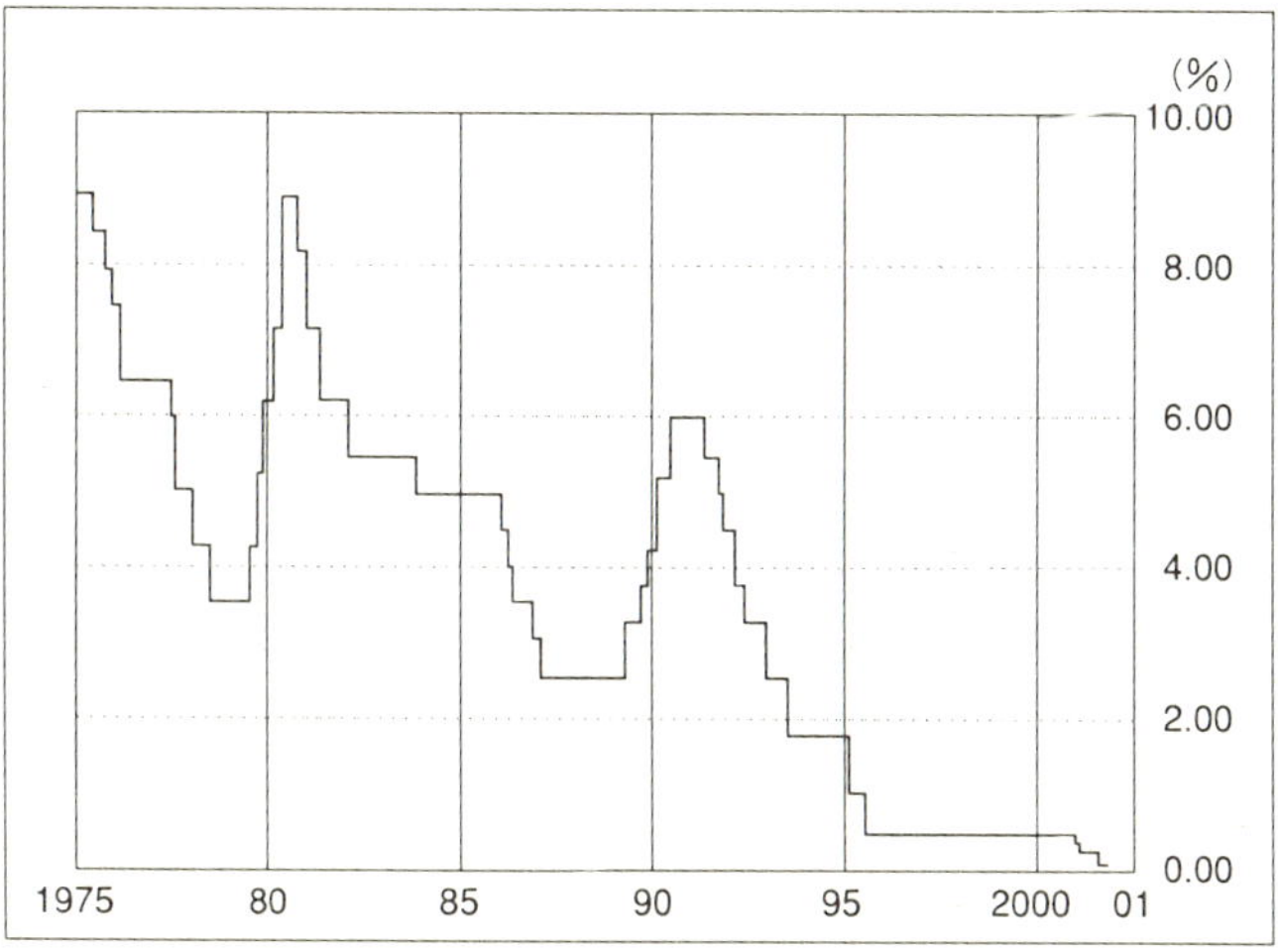

図2　公定歩合

そうなると企業の生産活動の拡大も殆ど考えられず、景気の回復には益々時間がかかってしまう。だから、結局、低金利のまま据え置かなければならない。

　このような理由で、景気が回復してこない限りは、なかなか現在の超低金利というものが解消されないのである。

第六章　ペイオフ

前章で述べたように、現在の日本は超低金利の時代だが、更に部分的にではあるがペイオフが始まっている。

ペイオフとは、銀行や信用金庫、信用組合等が倒産した時に、そこに預けてあるお金は預金者一人当たり一千万円までの元本とその利子までしか保証しない、というものである。だから、三千万円預けていて、その金融機関が倒産した場合には、二千万円弱は返ってこない可能性がある、ということだ。

これは一行につき一千万円なので、先程の三千万円を預けていた人が三行に一千万円ずつ分けて預金していた場合には、仮に三行全てが倒産しても全額戻ってくる。また、一人につき保証するので、同じ銀行でも他の家族名義なら一千万円までは保証される。

最初に部分的と述べたが、定期預金などは既にペイオフが始まっている。普通預金につ いては二〇〇五年四月の予定になっている。しかし、当初の予定からどんどん延期されているので、これも先に延びる可能性はある。

ただ、このペイオフ解禁によって、今までは全額保護されていた預貯金が一千万円までしか保証されないことになった。可能性としては、銀行などが倒産した時に、預けたお金が一部しか戻ってこないという事態が起こりうる。今までのようにただ預けておけば安心、という時代ではなくなったのだ。

もちろん、一千万円までは保証されるので一千万円も持っていない人は心配する必要はない。また、数千万円の資産があるなら数行に一千万円ずつ預ければ大丈夫である。だから、ペイオフで本当に心配しなければならない人々は、それ以上の資産を持っている人達ということになる。ただし、ペイオフの上限がこの一千万円から下がってくれば、考えなければならない人はもっと増えてくる。

このペイオフというものは、日本だけのものではない。諸外国には随分前から行われているところもある。逆に言えば、今までの日本では銀行は倒産することもなかったし、万が一潰れたところで預金は全額保護された絶対的なものであった。しかし、昨今では倒産もあれば合併もあり、名前もよく変わっている。どこに預けるのか、ということが非常に重要になってきている。

金利が殆どゼロなのに、ペイオフによってリスクが増大し、大きく環境が変わっている。今までは「ノーリスク・ローリターン」と言ってよかった預貯金が、これからは少なくとも「ローリスク・ローリターン」と呼ぶべき商品になった。

それだけに自己責任というものを益々強く肝に銘じていかなければならない。ただ銀行に預けていれば後は何も考えなくていい、という時代は既に終わったのである。

第七章　株　式

株式は預貯金と異なり、リスクの高い商品である。株を購入した会社が倒産してしまえば、その株は〇円となり、投資したお金は全て無駄になってしまうし、また買ってから株価が下がってしまえば損失が発生する。

その代わり預貯金とは比べられないほどの利益が発生することもある。二倍、三倍になることもあるし、それ以上の儲けが得られることもある。一時期のＩＴ関連銘柄などでは、一、二年ほどで数十倍になったところもある。もちろん、タイミングがずれてしまって、その後の暴落にあって損をした人もいる。

このように大きな利益を掴もうとすれば、必ずその反対に損をする可能性も大きくなってくる。これがリスクとリターンの関係である。

さて、株の値段である株価は土、日、祝日を除く毎日（年末・年始も休む）動いている。この株価はたくさんの投資家などが売り買いをすることによって決まっている。買う人が多ければ株価は上がるし、売る人が多ければ下がる。

その会社の業績がよくなった、新製品の開発でこれから伸びてくる、などのニュースがあれば、人気が出て株は買われる。逆に、業績の悪化や不祥事の発覚などで売られて暴落することもある。確かに理屈はそうなっているが、稀にはそのように動かない時もあるので注意が必要である。

また、買う人と売る人の株数が合わないと売買は成立しないので、取引量が少ないと売り買いが出来ないことがある。

それからストップ高、ストップ安というものがある。買う人が圧倒的に多く、株価がある一定の値段（銘柄により異なる）になると、ストップ高となって買えないことがある。ストップ安はその逆で、売れなくなることがある。要は、その株の市場での取引を止めてしまうのである。

どんな商売でもそうだが、物を安い値段で買って高い値段で売る、その差額が儲けとなる。逆に、買った値段より安く売ってしまえばそれが損になる。これは株においてもそのまま当てはまる。

ただし、株の場合は証券会社を通して取引するので、証券会社に手数料を支払わなければならない。だから、その分も含めて考えなければならない。

もちろん買うからには安い時に買いたいし、売るんだったら高い時に売りたいものである。しかし、なかなかそうは上手くいかない。大底と呼べるような安値で買えれば言うことはないが、そういう時というのはその会社は殆ど悪いニュースしかない。何故なら、買う人より売る人が圧倒的に多いから値段が下がっているのである。よい兆候は微塵もない、と言っていいだろう。こういう時はまだ下がるのではないかと思い、なかなか買えない。しかし、こんな時に積極的に買いにいける人が大儲けするのである。

ただ、あまり取引の経験のない人は一番安い所を買おうとするのではなく、いいニュースが入って上がってきた所を買うべきだろう。思い切り行くのではなく、手堅く行くのだ。

ただ、バブルの頃のように、殆ど、どの銘柄を買っても儲かるという時には逆に冷静になるべきである。ついついもっと儲けを狙おうとして、結局損をする破目になるからだ。一番高い所――これは大底に対して天井という――で売ろうと考えるのではなく、適当な所で売っておくべきである。

日本人は、みんなが買っていくと真似して買ってしまう傾向があるが、そういう時は人から何と言われようが、自分の信念を持って、その状況が過熱しすぎているのかどうかを判断しなければならない。そうしないと、バブルの時に高値で買ってしまった株をいつまでも手放せないというようなことになる。儲かっている時ほど冷静でいなければならない。明治維新後、富国強兵を推し進め、日清・日露戦争と勝ち続けていくに従って歯止めが効かなくなり、最後は太平洋戦争の敗北というような、とんでもないことになる。

勝負とは、勝っていくほど冷静になり、どこで手を引くべきかを考えなければならない。そして、それを決断したら断固としてそれを貫かねばならない。

第八章　国　債

超低金利が続くなか、国債が注目されてきた。ＣＭでも盛んに放送しているし、郵便局などでも積極的に販売している。金利は預貯金と比べて随分といいし、なにしろ国が発行しているものということで信用がある。

日本人の特徴として、国がやっていることに対して「お上の言うことだから……」というようにあまり考えることなく、まかせっきりにするところがある。だが、年金の問題などが実際厳しい状況になっているように、国がやっているからといって必ずしも上手くいくものとは限らない。もっと一人ひとりが深く考えて、改善していこうとしなければならない。誰にだって過ちというものはあるのだから。

さて、この国債にしても、国が発行しているものだから、と過信しすぎている面があるような気がしてならない。国債といえども絶対のものではないはずだ。

紙切れになって、一円も返ってこない可能性だってあり得る。実際に日本でも、太平洋戦争前に国債を買っていた人々は、戦後それがただの紙切れになって、国が約束した金利どころかその元本すらも返ってこなかったのである。

現在と当時とを比較すれば、確かに状況は全く異なる。長期間に及ぶ戦争で莫大な軍費を使い、しかも戦争に敗れて国土が焼野原になったという異常事態なので参考にならない、というのももっともだ。しかし、現在の日本の状況も十分に異常なものなのである。

何が異常かというと、日本の国の借金が七百兆円もあるという、まさにそのことである。これは即ち国債を大量に発行し過ぎている、ということなのだ。

「税金が高い」と嘆く日本の、税収を含めた収入は五十兆円ほどに過ぎない。それに対して、借金はその十四倍にも上っている。

これは一般の家庭でたとえるならば、五百万円の年収のある家庭で七千万円もの借金がある、という状況である。はっきり言って、これはもはやどうしようもない状況だ。しかし、これが正に日本という国の現状なのである。

それなのに更に国債を発行して借金を増やそうとしている。それは、個人で言えば、A社で借りたお金を返済する為にB社から借金している、ということである。これではいずれ破産するのが目に見えている。つまり日本という国もいつ破産するか分からない状況なのである。

こう見てくると、国債も必ずしも安全なものとは言えない、ということが分かる。借金というものは、いつか返さなければならない。しかし、返すお金自体がなければどうしようもない。そう考えると敗戦直後の時と同じことが起こってもおかしくないのである。

第九章　投資信託

金融ビッグバンにより、それまでは主に証券会社で扱っていた投資信託が、銀行や生命保険会社、損害保険会社でも販売されるようになった。それまでは業界の垣根が高く、銀行や証券会社、生命保険会社、損害保険会社それぞれが扱える金融商品は限られていた。

投資信託とは、顧客から集めた資金を専門家が株や社債などで運用し、その利益を投資家に還元する、という商品である。もちろん、運用が上手くいかなければ元本割れすることもある。投資信託の種類は色々あるので、どの商品を選ぶかが重要になってくる。

さて、超低金利のなかで、この投資信託も注目されるようになってきた。

ただ、銀行で購入した人のなかには、元本割れしたことに驚き、トラブルになる人達がいる。これも銀行神話によるもので、銀行の商品は元本保証だと思い込んでいる為だ。だから、投資信託も利回りだけに目を奪われて詳しい内容までは検討しない。銀行に預けておけば安心だ、ということになってしまう。しかし、これが間違いの元である。

そもそも、どんな方法でお金を儲けようとしたところで、失敗する可能性というものは多かれ少なかれあるものである。失敗すれば損することになる。大儲けしようとすればするほど失敗の可能性も大きくなるし、損する額も大きくなる。しかし、逆に成功した時は大儲けすることになる。これがリスクとリターンというものである。利回りが高ければ、それに対するリスクもしっかりと見定めなければならない。

さて、投資信託を販売する側はリスクについてきちんと説明しなければいけないのであるが、なかにはこれを怠っている人間もいるらしい。もちろん、わざわざ販売する商品のマイナス点だけを強調する人間はいないだろう。そんなことをすれば、売れるものも売れなくなってしまう。ただ、注意として最低限のことは説明する義務はある。それを伝えた上で商品のメリットを述べて販売を心掛けるべきである。嘘やごまかしで販売するべきではない。リスクをとれない人には、投資などやってもらうべきではないのだ。

顧客の方も、難しいからと説明を聞き流すのではなく、分からないことがあれば質問するなり自分で調べるなりするべきである。それが面倒ならば、なくなっても困らないくらいの少額の資金でするべきだ。

物事にはよい面と悪い面がある。よい面だけを見るのではなく、悪い面もきっちり見つめ、総合的にそれが自分にとって必要かそうでないかを決めるべきである。

投資には絶対のものなどないのだから。

第十章　外貨預金・外債

日本は超低金利ではあるが、外国には金利が高い国もたくさんある。その為、外貨預金や外国の国債である外債が人気を博したことがあった。しかし、外貨預金にしろ外債にしろ、為替リスクがつきものである。それを知らなかった人達は、為替の円高により思わぬ損害を被《こうむ》ったものである。

為替とは厄介なもので、円高・円安という概念からして全く逆に覚えている人も多いだろう。普通は百円と二百円なら二百円の方が高いが、これが一ドル＝百円と一ドル＝二百円という為替レートになると一ドル＝百円の方が高くなり、これを円高という。もちろん、一ドル＝二百円の方は円安ということになる。

何故そうなるかというと、例えばアメリカで一万ドルする車を輸入したとする。一ドル＝百円の時に買えば一万×百円＝百万円である。それに対して、一ドル＝二百円ならば一万×二百円＝二百万円ということになる。全く同じものなのにもかかわらず、為替レートが異なるだけで百万円と二百万円の違いになる。

もちろん買う人から見れば、二百万円よりは百万円で買った方がいいに決まっている。この時、円を持っている人はドルに対して交換する比率が有利になった、すなわちドルに対して円の価値が強くなった、ということで円高ドル安という。それに対して、円安は円の価値が弱まることをいう。ちなみに、円高になると海外の商品が安く買えるので輸入が有利になり、また海外旅行なども割安になる。それとは反対に、円安になると輸出が有利となる。先程と全く逆に考えればいいのである。例えば百万円の車をアメリカで販売するとしよう。

一ドル＝百円ならば百万円を為替レートの百円で割って一万ドル、一ドル＝二百円ならば同様に百万円を二百円で割って五千ドルという計算になる。円安、即ち一ドル＝二百円の時の方が五千ドルと安く買える為、円安の方が売れることになる。

日本は資源が少ないので、資源を輸入し、それを加工して製品化し、輸出する。だから円安になった方が景気がよくなるものである。

さて、外貨預金・外債を実際に数字を挙げて考えてみる。一ドル＝百五十円の時に三百万円を外貨預金したとする。金利は一〇％ということにしよう（図3）。一ドル＝百五十円なので、三百万円は百五十円で割ると二万ドルとなる。即ち二万ドルの預金をしたことになる。金利が一〇％なので一年後には二万ドルが二万二千ドルになる。

ここまでは何も問題はない。国内の預金同様に着実に増えている。しかし、ここで問題になるのはその時の為替レートである。

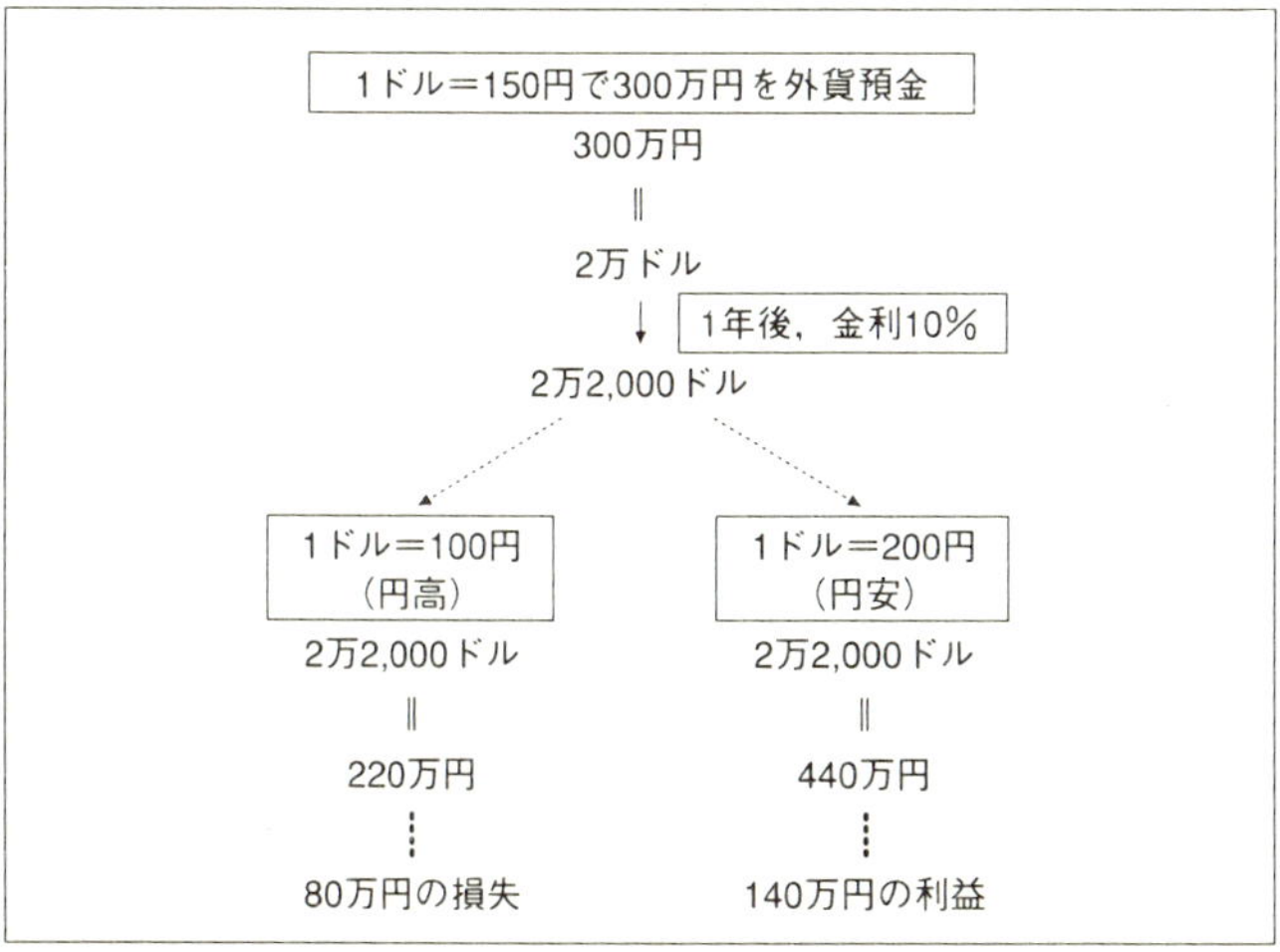

図3　外貨預金の例

ニュースや新聞を見ていれば分かるように、外国為替レートも毎日のように変動している。もし、一ドル＝二百円に円安になっていたら二万二千ドルは四百四十万円となり、百四十万円の利益となる。利回りは約四七％となり、金利一〇％よりはるかによくなっている。

それに対し、一ドル＝百円と円高になった場合には、二万二千ドルが二百二十万円となり、八十万円も損することになる。金利はちゃんと一〇％ついているにもかかわらず、為替が円高になってしまった為に元本を大幅に割れてしまうのである。

このように、外貨預金・外債では為替の影響が非常に大きい。

金利だけを見ると損することはないのだが、為替というリスクがついているので、それを把握出来ていないと思わぬ損を被ることになる。また、為替には交換する時に手数料がいるので、全く為替が動かなくても損をする可能性もあるのでこれも計算に入れておかなければならない。

外債についても注意すべき点がある。外債のなかには非常に金利の高いものもある。しかし、ここに落とし穴がある。利回りがいいものはリスクも大きいが、この、金利の高い外債もリスクが大きい。国債は国が発行するのだから安全だと考えるのは大きな間違いで、高金利の外債を発行している国はデフォルト（債務不履行）に陥ることがある。即ち、「借金の踏み倒し」である。いくら金利が高くても、一銭も返してくれないのでは意味がない。実際に発展途上国の外債などではそういうことが起こっている。

そもそも、金利とはその債券の値段のようなものである。人気があってたくさん買われる債券は金利が低くなるし、あまり買われない債券は金利が高くなる。

だいたい、お金を借りる人にとってみれば金利は低いに越したことはない。百万円のお金を借りるのに「利子は十万円」と言う人と「二十万円」と言う人がいたら、十万円の人に借りるに決まっている。それにも拘らず金利が高いというのは、その国が余程財政が苦しく、少しでもたくさんの人達からお金を集めたいからなのであって、返済能力は非常に低いということである。

高金利であればあるほど、その国はブラックリストに近い、と見ていいだろう。国が保証しているからといって闇雲に信用しないことである。

金利が高いということにはそれなりの裏があるのだ。

第十一章　商品先物取引

商品先物取引は、世間的にも認知している方は少ないと思う。先物取引という存在を知っていてもイメージだけで誤解している人々が多いように感じられる。

取引の仕組み自体は決して難しいものではないが、接する機会もなかなかないものなので食わず嫌いな面があるのではないだろうか。何せハイリスク・ハイリターンの取引である。知らないとなかなか出来るものではない。かと言って、自分で勉強までして行う人も稀であろう。

簡単に仕組みを説明してみる。

先ず、「証拠金取引を行う」ということがある。

例えば、百万円の商品を買って百二十万円で売ったとする。この時、百万円のお金のやり取りはなくても支障はない。もちろん買う時にお金を払わなくていいと言っている訳ではなく、結果から見て買った人が二十万円の儲けだけをもらえばいい訳である。損をした時は逆で、百万円の商品を買って、八十万円で売らなければならなくなったとしたら、買った人は二十万円を払うだけでお金のやり取り自体は済んでしまう。要は、差額のやり取りで取引を完了させることが出来るという訳だ。

ただし、ここで問題となるのは、最初に買う時に一円も払わなくていいとしたら、儲かった時はいいが、損をした時にお金を払わない可能性がある、ということである。「そんな契約していない」と言うかもしれないし、「そんなお金はない」と言い出すかもしれない。だから、そんなことにならないように証拠金という形で取引総代金の五〜一〇%程度を担保として預かる。そして、損をした場合はその金額を払ってもらうか、証拠金のなかから差し引くか、ということになる。

つまり、百万円の商品を買う——実際に買いつける訳ではない——のにだいたい五万〜十万円のお金で値段を押さえておく訳だ。だから投資資金の何倍も儲けることが出来るし、何倍も損する可能性があるハイリスク・ハイリターンの取引になるのである。

この証拠金は、金や小豆、ガソリンなど、その銘柄によりそれぞれ一定の金額が定められている。また、証拠金というのは担保みたいなものだが、予測が外れて計算上の損が増えていった場合には担保が不足して、追加の証拠金である追証拠金（追証）を預けるか取引をやめるかを選択出来るようになっている。具体的には計算上で証拠金の半分の損が発生するごとに必要になってくる。

勘違いしている人もいるようだが、追証とはあくまで担保不足を解消する為の追加の資金であるから、取引を処分してしまえば追証は必要ない。その代わり損金はきちんと払わなければならない。

次に、先物取引には期限がある、ということである。一番長い期間でだいたい一年である。だから、株のように、株価が下がっているからとずっと塩漬けにしておく訳にはいかず、期限が来る前に決済するか期限まで待って実際にその商品を売買するかしないといけない。

他にも色々と細かい決まりはあるが、だいたいこの程度のことが分かっていればいいと思う。

さて、日本では商品先物取引というと投資というイメージしかないが、実際はそれ以外に重要な役割がある。

例えば、海外からトウモロコシを半年先に買いつける予定の会社があったとする。ここには、半年先に為替が円安になるリスクや、トウモロコシが不作になって価格が暴騰するリスクが存在する。だが、先物取引によりこれらのリスクを回避することが出来る。半年先に豊作になるか不作になるかなどは誰にも分からない。天候に左右されたり、輸出入の動きなど色々な要因で変わってしまうからだ。普通の取引では、半年先に不作になっていれば予想外の損失を被る恐れがある。しかし、先物市場で買い注文を入れることにより、その損失を防ぐことが出来る。実際に不作になり、価格が暴騰した時には、普通はその高い値段で買うことになる。だが、先物市場では半年前の安い値段で買っているので、その暴騰分が利益となる。

逆に豊作になり、価格が暴落した時はどうなるか？

半年後に安い値段で買えるにも拘らず、先物市場で暴落分の損をしてしまうのでこれまた半年前の値段で買ったのと同じになる（図4）。

この結果を見ると、豊作の時は先物市場を使った為に損をしているので、こんなことはしない方がいいじゃないかと言う人もいるだろう。確かに結果論からいうとその通りである。しかし、暴騰しようが暴落しようが、先物市場で値段を押さえれば、結局将来的にその値段で買うことが決まる。その値段があまりにも高過ぎれば別だが、適正な価格であ

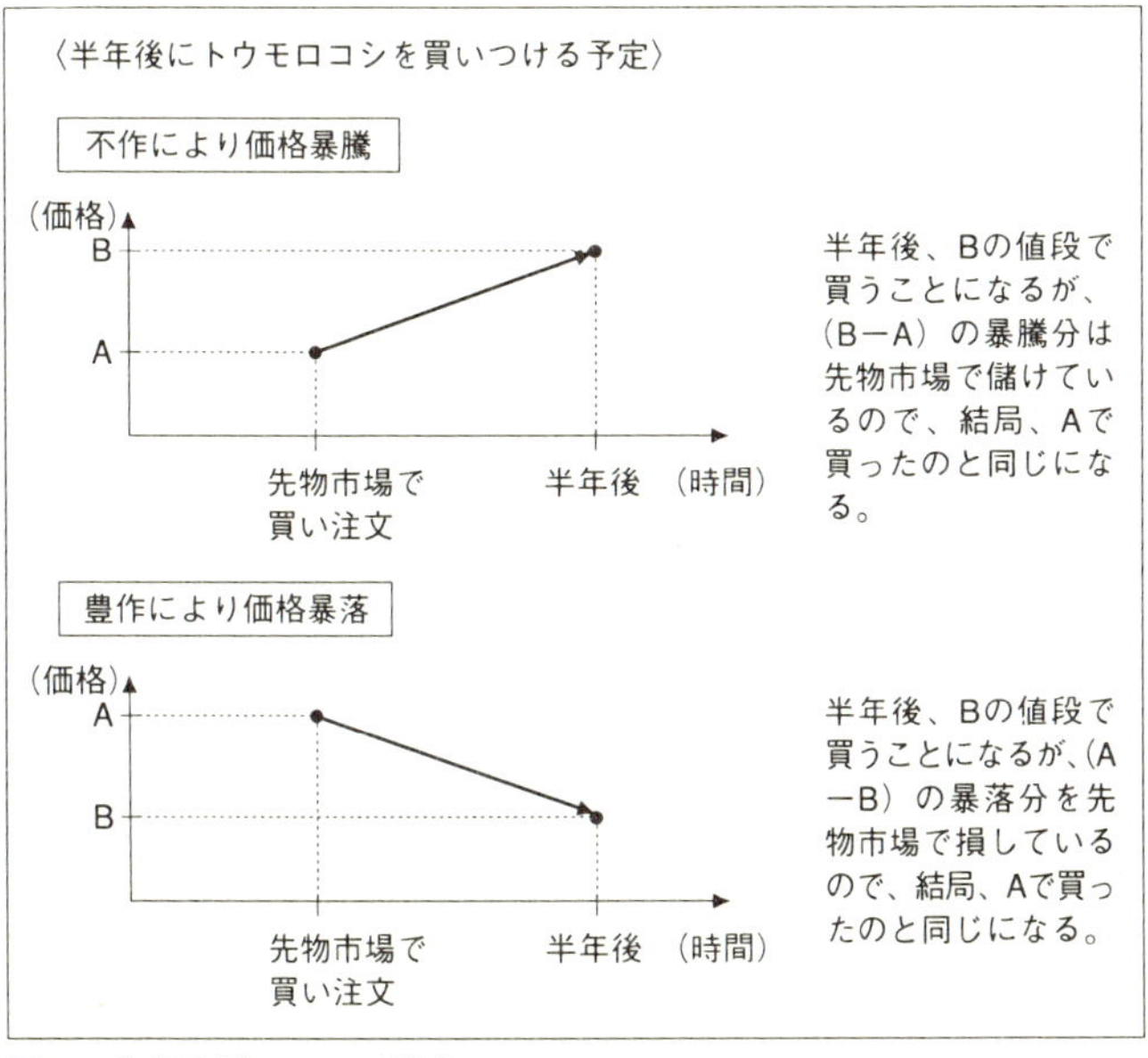
〈半年後にトウモロコシを買いつける予定〉
不作により価格暴騰
（価格）
B
A
先物市場で買い注文
半年後
（時間）
半年後、Bの値段で買うことになるが、（B－A）の暴騰分は先物市場で儲けているので、結局、Aで買ったのと同じになる。
豊作により価格暴落
（価格）
A
B
先物市場で買い注文
半年後
（時間）
半年後、Bの値段で買うことになるが、（A－B）の暴落分を先物市場で損しているので、結局、Aで買ったのと同じになる。

図4　先物取引のヘッジ機能

れば、その値段で買うのは問題ではなかろう。

むしろ、将来どのような変化に出くわしても支出が決まっているのは、企業にとって重要なことである。予め将来の予定が立てやすくなるからだ。思わぬ損害というものがなくなるのだから、生命保険や損害保険みたいなものだと思ってもらえばいいだろう。先物市場での手数料が保険料だと思えばいい。

他にも色々な機能があるが、ここではこのくらいにしておく。

第十二章　デフレとインフレ

この本を記している二〇〇五年は、デフレかインフレかどちらかと言われれば、デフレだと思う。

デフレとは「デフレーション」のことで、物価が下落し、通貨の価値が強くなることをいう。それに対し、インフレとは「インフレーション」のことで、物価が上昇し、通貨の価値が弱くなることをいう。

物価と通貨とは、物価が強ければ通貨が弱く、物価が弱ければ通貨が強い、という逆相関の関係にある。次のような例で考えれば分かると思う。

五百円の弁当があったとすれば、一万円持っている人は二十食分買うことが出来る。この弁当が千円になった――極端な話だが――とすると十食分しか買えなくなる。同じ一万円にも拘らず、五百円の時は二十食分買え、千円の時には十食分しか買えない。これが、値段が上がることで、お金の価値が相対的に下がった、ということである。

さて、一概に「今がデフレだ」と言ってもはっきりと自覚出来るものではない。物価が下落していると言っても一年にわずかな割合だし、全体的には下落していても物価によっては上がっているものもある。また、安売りやバーゲンなどを行うと、実際の元の値段はどれなのかよく分からなくなる。一年で五〇%も下落すれば誰でも分かるだろうが、そんなことになったら大変である。

さて、そのデフレだが、ものが安くなってお金の価値が強くなるならばよいことのように聞こえるが、商品を安くしか売れないなら会社の売上は当然減り、そうなるともちろん従業員の給料も減ることになる。だから、決していい状況ではない。

もちろん、インフレもいいものではない。働いて稼いでも、時間が経つにつれて、買えるものが減っていくからだ。

どっちにしても、行き過ぎはよくないということである。だから、財務省や日銀など金融政策により物価の調整を図る。

デフレの時は通貨の価値が強くなるので、ものを買うよりは使わずに持っていた方がいいということになる。先々物価が下がるなら、今買うよりは将来買った方がいいからである。これがさらに値段を下げることになり、デフレから抜け出せなくなってしまう。また、金利が高ければ銀行や郵便局に預けておけばいいが、今のように低いと何もしなくなってしまう。

経済は好景気と不景気の繰り返しで、これが波のようになっているものだ。だから、デフレがあれば、次はインフレになるものである。インフレの時は通貨の価値が弱くなるので、ただ持っているだけではどんどんお金は価値が目減りしていく。金利が物価上昇率より高ければ銀行にでも預けていればいいが、金利が低ければそうはいかない。だから、ものの値段が上がっている以上、もので持っていればいいのだが、それは何でもいいという訳にはいかない。腐るものだったら長期間持っておくことが出来ないし、壊れるものでも壊れれば価値がなくなるので意味がない。また、価値がすぐ落ちるものも駄目である。

例えば、車を百万円で買ってこれを中古で売るとする。中古車で販売する時は百万円より安くなる。中古の方が高かったら、元の百万円で売っている所で新車を買えばいいのだから。すると、買い取ってもらう値段は百万円より下がった価格よりさらに安くなる。そうしないと中古車業者が儲からないからだ。だから、買い取り価格は元の百万円からすると随分安くなる。つまり、インフレ対策の購入品はこういった品物では駄目だということになる。

基本的には、やはり宝石や貴金属などがよいだろう。こういった品物は中古という概念がなく、物価の上昇と共に値段も上昇する。小さくて持ち運びも便利であるし、日本だけでなく外国でも換金することが可能だからである。

デフレにしろインフレにしろ、極端なものはめったにない。あっても困るが……。ただ、資産を守る上ではこういったことも考慮に入れなければいけない。

第十三章　ネット取引

現在は便利な世の中で、インターネットで手軽に色々な取引が可能である。

インターネットを使えば、投資も自分で様々な情報を分析し、自分の思い通りに取引出来る。株価なども、携帯電話で自分の知りたい銘柄を調べることが出来るので、外にいる時でも色々な情報を手に入れることが出来る。

また、インターネットにより自分自身で取引すると手数料が安くなる。通常の取引だと担当者を通して様々なやり取りをしなければならないが、個人で行う分にはその際の余計な手間が省け、会社側もコストを削減出来るからである。しかし、自分自身で何から何までやるので面倒ではある。

ただ、自分自身の相場観をきちんと持っていて、取引についても熟知しているという人は断然こちらの方がいい。とはいえその分自己責任というものは重くなってくる。

また、手軽な操作の落とし穴である「注文の打ち間違い」には十分に注意しなければならない。「売り」と「買い」を間違えたり、取引数量を間違えたり、銘柄を間違えたり、と様々な可能性がある。取引数量を一桁間違えたりすると、十倍の資金が必要になる場合も出てきてしまう。

私自身、一度注文を間違えて失敗した経験があるので、十分に注意していただきたい。

第十四章　空売り

先物取引や株などの信用取引には、「空売り」というものがある。この空売りになかなか馴染めないという人がたくさんいる。何故なら、自分が持っていないものを「売る」からである。

ないものは売れないじゃないか、と言うのは当然だろう。自分が持っていないものを「買う」というのは、代金さえ払えば買える訳だから何ら問題がない。しかし、自分の手元にないものを「売る」ことは、確かにおかしなことのように感じられる。

空売りする時でも、自分が手元に持っているものを空売りすることもある。例えば、先物取引だったら金を十kg分空売りをかけるとか、株なら自分の保有している銘柄を空売りする場合だ。

ただ、大抵の場合は自分の持っていないものを空売りする。では、自分の手元にないものをどうやって売るかというと、これにはカラクリがある。実は、売るといっても今すぐ売るのではなく、将来のある一定の期間までに売ればよいのである。だから、その期限までに買ってしまえば売るものが存在することになり、何の問題もなくなるのである。

空売りというのは、現時点で売る値段を確定させておいて、その値段で将来売るという取引をすることなのである。かつて顧客でこの空売りのことを「では、『売り』を買うということだね」と言った人がいたが、イメージとしてはそれでいいと思う。

空売りがどういうものか、例を挙げてみる。これからトウモロコシが豊作になり、値段が下がっていくだろうという予測があったとする。こういう時に先物市場でトウモロコシを空売りすれば、予測通りに値段が下がった時に利益を手にすることが出来る。この時の計算は、買いから始めた時と同じで簡単である。トウモロコシを二万円の時に空売りして、一万五千円まで値段が下がった時に買い戻しをすればその差額の五千円が利益となる。

空売りの場合は、売るものを持っていなければ、「買い」の注文を絶対に出さなければならないが、これを「買い戻し」という。

普通の取引の場合は安い時に買って高い時に売れば利益が生まれるが、空売りではこの順番が逆になって、高い時に売って安い時に買い戻すということになる。もちろん空売りしてから値段が上がってしまえば損が発生する。

ちなみにバブルが崩壊し、株価が大きく下げた局面でも、空売りをしていた人々は大儲けをしている。株が下がったので株の取引をしていた人はみんな損をしたと思っている人もいるかもしれないが、この空売りをしていた人達は笑いが止まらない状況だっただろう。損をする人がいれば、その裏には必ず儲かっている人がいるのである。

空売りはそれほど難しいものではないが、注意する必要がある。ものの値段というものは、どんなものであっても、極端な話〇円になることがあったとしても、マイナスということにはならない。最悪でもその品物の値段分だけの損にとどまるので、百万円のものを買えば百万円を超える損をすることはない。しかし空売りの場合は、ものの値段が上がり続ければどこまでも損をすることがあり得る。理論上は、無限大の損失が発生する可能性があるということだ。

空売りにどうしても馴染めなければ、無理にする必要はない。しかし、知らないよりは知っていた方が取引の幅も色々広がるというものである。

第十五章　リスクとリターンの関係

ローリスク・ローリターン、ミドルリスク・ミドルリターン、ハイリスク・ハイリターンと三つの投資商品があった場合に、皆さんだったらどの商品を選ぶだろうか？

こつこつ型の人はローリスク・ローリターンを、ギャンブル型の人はハイリスク・ハイリターンを狙うだろう。その中間で、リスクが大きいのは嫌だし、かといって小さな利益を取りに行くのも面白くないという人にはミドルリスク・ミドルリターンとなるのだろう。もちろんローリスク・ハイリターンな商品があれば皆それを選ぶだろうが、実際にはそんなものはまずないと言っていいであろう。大きな儲けを狙おうとすればするだけ、思い切ったことをやらなければいけないものだ。

ほどほどのことをしたくらいで大儲け出来ればそれに越したことはないが、「リターン＝儲け」というものはやはりそれに見合うだけの「リスク＝危険」を冒さなければ生まれないのである。

商売とは、安く買って高く売るものである。その差が儲けである。仕入れ値より安く売るのであれば、損をするだけなのでやらない方がいい。どうしても仕方がない時は別だが……。

さて、投資においてもこのことは基本中の基本であり、安くなった所を狙って買い、十分高くなった所を売るものである。安い時ほど買って利益が出る可能性が高いし、逆に高い時ほど買って損をしてしまう可能性が高い。リスクの観点から見た場合、高い時は買うべきではないし、安い時にこそ買うべきである。即ち、買い手にとっては安ければ安いほどリスクは小さいし、高ければ高いほどリスクは大きいのである。

売り手にとっては全くの逆で、高ければ高いほどリスクが小さいし、安ければ安いほどリスクが大きい。ただ、どこをもって高いというか、また安いというかは難しい所ではある。

それともう一つ、投資額が大きくなるほどリスクも大きくなる。何故なら、投資額が大きくなるほど儲かる金額は大きくなるが、失う金額も大きくなるからだ。

リスク面から投資を捉えた時には、この二点、値段と投資額が重要なのである。

ただ、値段の方は先程述べたように、難しい。後から見ればどこが安くてどこが高かったかが分かるが、実際に投資をする際には一概に高い、安いを決めるのは大変なことだ。過去と比べて安かったとしてもまだ下がることがあるし、高かったとしてもまだ上がることがある。最高値、最安値だっていつ更新するか分からない。だから過去のデータは必ずしも当てには出来ない。

さて、リスクとは以上の二点が主なものであるが、実際に投資をしている人を見ていると、どんどんハイリスクになっていく例が多いものである。

具体的に検証してみる。例えば、Aさんという人が六百万円の資金で金の先物取引をしたとする。金の場合、取引単位は一kg単位で、それに対して六万円の証拠金が必要になる。取引内容などで若干の相違があるかもしれないが、そこには目をつぶっていただくとして、この六百万円の資金で金百kg分の百枚（先物取引では一口分の取引を一枚と表現するので、百口分のこと）という単位の取引が出来る。一g＝千二百円で金を百口分、即ち百枚買い、値段が上昇して千二百七十一円になったとする。

先ずこの時点で決済（買っていたものを売って利益または損失を確定すること）したとする。この時、手数料を一g当たり十一円――実際には消費税込みで一g当たり十・九二円だが計算しやすいように数字を調整した――として計算する。

（1271－1200－11）×1000×100＝6000000という計算から、六百万円の利益が生まれる。

ここで×1000をしているのは、一kg単位の取引だから一kg＝千gの換算である。要は、六百万円の投下資金で六百万円の純利益が発生したので、元利合わせて千二百万円になったのである。

実際によくあることだが、ここでAさんが利益と合わせた千二百万円で更に買い進んでいったとする。商品先物取引では、証拠金の額は一gが千二百円だろうが一gが千二百七十一円だろうが、六万円で変わらない。千二百万円なので、今度は倍の二百枚買えることになる。また、売った後にすぐ買った場合はだいたいほぼ同じ値段になるものなので、千二百七十一円で二百枚買ったとする。即ち、はじめに千二百円で百枚買い、そして千二百七十一円で百枚売り、その後すかさず千二百七十一円で二百枚買った、ということだ。

これを先に述べたリスクの面から検討すると、先ず、最初に千二百円で買っていたものを今回は千二百七十一円で買っていることで、高い値段で買うリスクを冒していることが分かる。

次に、最初は百枚六百万円の取引だったものが二百枚千二百万円の取引になっていて、資金が倍になっている。即ち二倍のリスクを冒していることになる。

つまり、この場合は値段と投下資金という二重のリスクを冒して投資していることが分かる。

確かにこのまま値段が上がり続ければ、このように一回決済して買い直した方が利益が大きくなるのであるが、千二百円から千二百七十一円になったのと千二百七十一円から千三百四十二円に上がるのは、同じ七十一円上がっているにしても全然意味合いが異なる。後者の方が明らかに可能性としては低いのである。

もちろん、長い期間にわたって上げ相場を演じ続けることはあるが、一度上がったものは必ず下がるものである。

上がるか下がるかという見方であれば確かに五〇％の確率のように思われるが、一度上がった後に更に上がり続ける可能性は、丁半博打で何回か連続で丁が出た後に、再び丁が出るのと同じように低くなっていくものである。

ここで実際に買い直した為にどの位のリスクが発生しているか考えてみる。

例えば、千二百七十一円になった後、千二百五十円に下がったとする。もし、Aさんが千二百七十一円になった時に決済せずにそのままにしていたとしたら、千二百五十円の段階では、（1250－1200－11）×1000×100＝3900000で三百九十万円の利益となる。六百万円の利益が、価格が下がった為に三百九十万円の利益に減少した訳である。資金は、元利合計九百九十万円となる。

それに対し、買い直しをした場合は（1250－1271－11）×1000×200＝－6400000となり、六百四十万円の損失が発生する。一度利益を出して千二百万円になっているので、トータルすると五百六十万円になっていることになる。即ち当初の投下資金六百万円から見ても、四十万円の元本割れした計算である（図5）。

全く同じ値動きなのに、途中で何もしなかった時と買い直した時で、全く異なる結果が出てしまう。前者は六割強の利益、後者は四十万円の損失。

　何故このようになってしまうかというと、途中で買い直した為にリスクが大きくなってしまったからである。もちろん、値段が上昇を続ければ当初の投資（六百万円）に比べて二倍の資金（千二百万円）になっているので二倍の利益が出る。リターンも確実に大きくなっているが、リスクも大きくなってしまっている。つまり、増え方も速ければ、減り方も速くなるのである。このことは肝に銘じておかねばなるまい。

　では、この場合はどうすればいいかというと、千二百七十一円の時に全部決済して、取

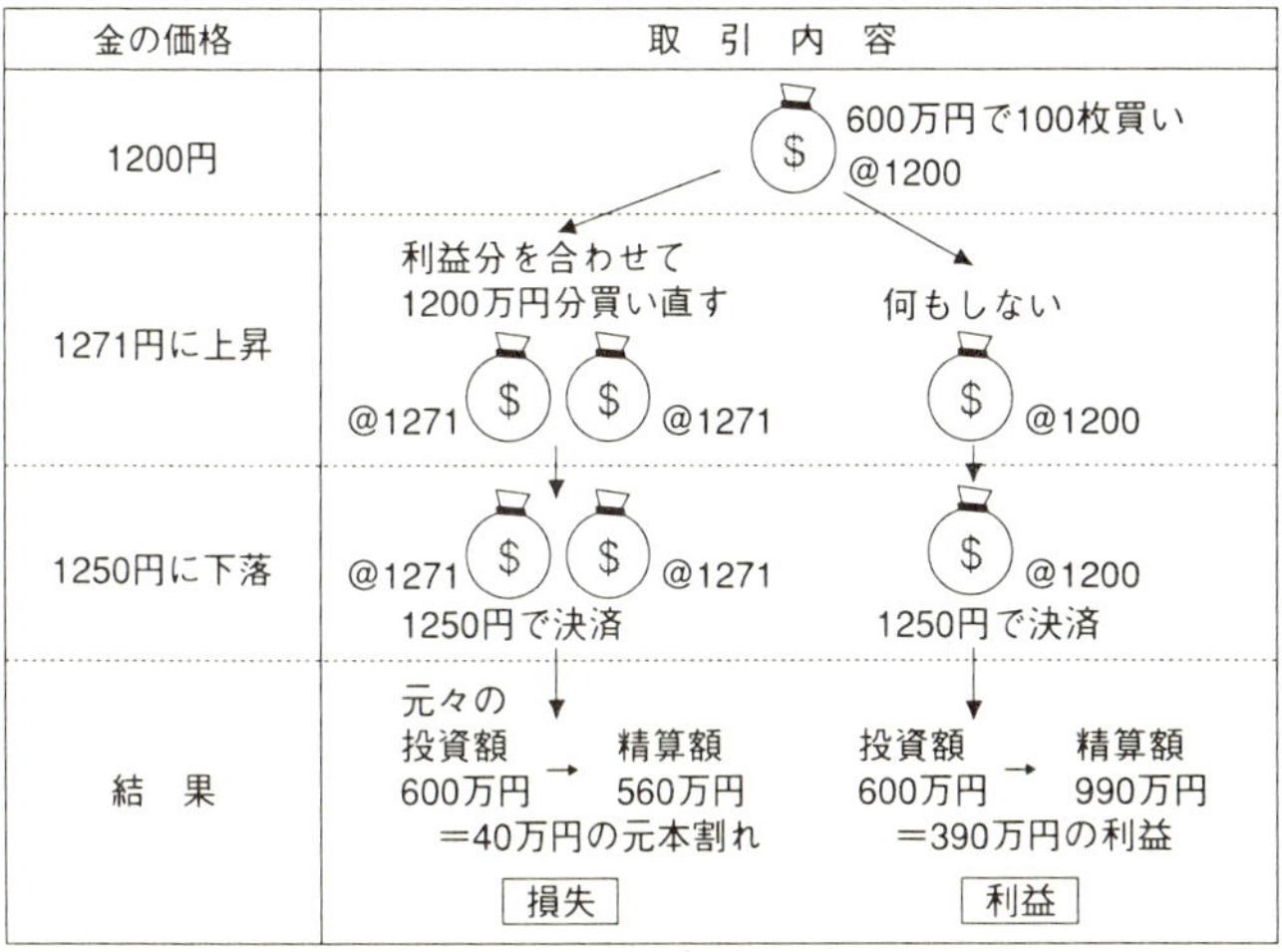

金の価格	取 引 内 容	
1200円		600万円で100枚買い @1200
1271円に上昇	利益分を合わせて1200万円分買い直す @1271 @1271	何もしない @1200
1250円に下落	@1271 @1271 1250円で決済	@1200 1250円で決済
結 果	元々の投資額 → 精算額 600万円 560万円 ＝40万円の元本割れ 損失	投資額 → 精算額 600万円 990万円 ＝390万円の利益 利益

図5　リスクとリターンの関係

引をやめてしまうか、一部決済して様子を見るか、全部決済してまた安くなるのを待つかなど、色々と方法がある。そのうちのどれが正しいかは、結果論になってしまう。判断が難しいところだ。

ただ、この方法のように二重にリスクを大きくするのは勝負を賭ける時だけにして、普段はどのようにしたらリスクを軽減出来るかを心掛けるべきである。

もう一つよく見られる例を挙げてみる。

人間というものは、上手くいくほど調子に乗っていってしまう。最初は慎重だったはずが、利益が増えてくるにつれ、どんどん大胆になっていくものだ。

ある株を千円で千株買ったとする。

この株価が上昇していって含み益が増えていくにつれ、もっと儲けようとして買い進み、千百円で二千株、千二百円で三千株というように買っていくことがある。これが全く逆で、千円で三千株、千百円で二千株、千二百円で千株というポジションであればよい。前者は平均値が約千百三十三円なのに対し、後者のそれは約千六十七円で七十円ほどの違いがある。真ん中の千百円になった時に、前者は全体としては損をしているが、後者は利益となっている。明らかに後者の方が優利である。

前者の場合、一番リスクの大きい値段で一番多く買って頭でっかちなのに対し、後者は一番リスクの小さい所を一番多く買っているからどっしりと腰が落ち着いた感じである。だが、実際に取引している人を見てみると、前者の方が圧倒的に多いように思える。何故なら、前者のような買い方になるのは、大体、値段が上がってきたので調子に乗ってもっと儲けてやろうとした時だからだ。殆どの人がこういう心理状態になるものである。

それに対して、後者の場合は値段が上がってきたので更に利益を狙おうとしたが、少し慎重になってだんだん買う数量を減らしていった時か、最初に買った値段から下がってきてよりチャンスが広がったと思い、安い値段になるほど積極的になっている時が考えられる。だが、一般的にこういう心理にはなかなかなりにくい。自分の当初の思惑が外れていくにつれ、だんだん弱気になり、やめたくなってしまうからだ。ただ、リスクの点からいうと、値段が下がるほど買い手はチャンスなのである。

しかし、殆どの人は上手くいけばいくほどリスクが大きくなる方へ取引を拡大していく。常にリスクを頭に入れながら、冷静にリターンを求めていくべきである。

第十六章　欲との戦い

投資において失敗する原因の一つとして、欲をかき過ぎる、ということがあると思う。投資をするからには少なからず「儲けてやろう」という欲求がある訳で、そういう点では欲を出すのは当然と言える。だが、この欲というものは、自分の予想通り上手くいって儲けが増えるにつれて大きくなり、失敗して損するほど歯止めがかかって小さくなるものである。後者の方は大した問題はないが、前者の場合は周りが見えなくなり、大変なことになってしまうことが多い。

最初は百万円の利益で喜んでいた人が、そのうち百万円ではもの足りなくなり、二百万円、三百万円と求めるようになって、遂には天井知らずに利益を追求していくようになるものなのである。

これは、順調過ぎれば順調過ぎるほど、その傾向が強くなる。途中で何度か失敗していればその分慎重になることがあるが、そういう挫折がなく上手くいっている場合は、なかなか自分で歯止めが出来なくなるので注意が必要である。だから、こういう時こそ失敗することも考えて冷静に判断しなければならない。

人間の「○○をやりたい」、「○○になりたい」という欲求は、何かをやっていく上でエネルギーとなるものなので必要ではあると思うが、やはりそれは自制出来るものでなければならない。人間の欲望は天井知らずになることがままあるので、常に自分自身でそれにブレーキをかけるようでなければならない。

とはいえ、実際にそういう場面が来るとなかなかそうはいかないのが人間である。大抵の人が陥りがちなのが「あの時もっと多く投資していたらもっと儲かったのに」と思うことである。初めて投資をする人は、「儲かりそうだなあ」と思ってもやはり不安があるので投資額は抑えるものである。仮にある人が百万円投資したとしよう。この時、百万円が百五十万円へと五十万円の利益を得たとする。大抵の人は「あの時二百万円でやっていれば三百万円になってたのに。三百万円でやっていれば……」というように考えてしまうものである。終わったことに対して「たら・れば」を言った所で仕方ないのは分かっているのだが、ついそういう後悔を抱いてしまう。そういう後悔をした人がどうするかというと、次はもっと大きな金額で、もっと大きな利益を求めようとするのである。これが殆どの場合、間違いの始まりとなっている。

前の儲かった時とは状況が変わっている。確かに、前回、倍の資金で取引をしていれば倍の利益となっただろうが、前回は前回、今回は今回で全く異なっているのだ。百万円が百五十万円になったのなら、次は最悪五十万円損してもとんとんだというくらいの気持ちでゆったり臨むべきである。今までは百万円出さないと出来なかった取引が、今回は半分の五十万円で出来るのだ、というくらいの余裕が必要だ。

何度も何度も勝ち続けるということはない。負けることも常に念頭におきながら戦いに臨まないといけない。

しかし、これは簡単なようで実はなかなか難しい。人間は勝ち続けるほど驕《おご》りが生まれてくるものである。自分に自信を持ち過ぎてしまう。だから、自分の予測通りに儲かるにつれて、失敗する可能性が少ないように思ってしまう。本当は、成功が続くほど失敗の可能性は高くなっているというのに……。

人間の欲望はとどまる所を知らない。儲けが大きくなるほど更に大きな儲けを追求し、チャンスと思ったらそれに対して大きなお金をつぎ込んでしまう。しかし、これは非常にリスクの大きいことなのだ。

一つのものに大きな資金を投入するということは、当たれば大儲けだが、外れれば大損となる。これは丁半博打で全額はり続けているようなものだ。途中でやめることは、確かに大きなチャンスを逃してしまうかもしれないが、そんなことを言っていたらきりがない。

せっかく資産が増えたのなら、次のように考えてみたらいかがだろうか?

最初は資金が少なくて、出来ることも限られており、一つか二つくらいしか投資出来ない状態だった。それが、儲かったことにより資金が増え、そのおかげで出来ることが増えたのだ、と。次回からの投資では、今までの利益分までの損失にとどまるのなら、トータルとしては損したことにはならないのだ、と。

利益を得ることにより、可能性は大きく広がる。無理をすることはないのだ。

一つのものに集中するハイリスク・ハイリターンではなく、時には手堅い商品も取り入れて、ミドルリスク、ローリスクと分散するように持っていかねばならない。

資産を増やすのは難しいが、それを維持するのはもっと難しい。逆に、減らすのは簡単なことだ。儲けが増えていくにつれて、慎重にならなければならない。

もちろん、最初からある一定の金額になったらやめる、という選択肢もある。この時には、実際にその額に達した時に気持ちが揺らがないように、強い決意を持って臨まなければならない。欲望とは恐ろしいものなのだ。

第十七章　人の行く裏に道あり花の山

相場の格言に、「人の行く裏に道あり花の山」というものがある。

意味としては、誰も注目せず、手を出さないもの（人の裏）にこそ大儲け（花の山）のチャンスが隠されている、ということである。確かに、人と全く同じことをしていてもそんなに儲からないものである。例えば競馬で一番人気の馬に儲けて当たっても大して儲からない。たくさんの人がそれを買っているからだ。逆に、もし万馬券を買って当たったとしたら大儲けである。これは殆ど誰も買っていないからである。

投資にしろギャンブルにしろ、そこから生まれる全体的な利益というものは、それほど変わらない。ただそれを何人の人に配分するかということで個人の利益が決まってくる。同じ金額を分けるのであれば、たくさんの人で分けるより、少ない人数で分けた方がいいに決まっている。例えば百万円を百人で分ければ一人当たり一万円であるが、五人で分ければ一人二十万円も貰える。

もちろん、人が殆ど投資していないということは、一般的に見て儲かる可能性がかなり低い、ということでもある。もしくはあまり知られていないということも考えられるが、それはやはり、期待している人は少ないということである。

だが、殆どの人がこれに投資すれば損をすると思った商品でも、儲かることはある。予測はあくまで予測なので、例えばスポーツで稀に思わぬ番狂わせがあるように、予測通りに行かないことだってあるのである。例えば大相撲で横綱が平幕に破れるという番狂わせがあったとしよう。そこには色々な原因が想像できる。その日横綱の体調が悪かったのかもしれないし、たまたま足をすべらせたのかもしれないし、平幕力士が短期間のうちに急成長したのかもしれない。だが、結果は結果として、意外なことでも起こり得るのである。

だから投資においても、ただ単に無謀なものであれば別だが、人々が儲かる見込みはまずないと思っているものでも、利益を生むかもしれない。そして、それは殆どの人が投資していない以上、儲かる時は大儲けとなるものである。だから、投資をする際には、人の予測を参考にするのもいいが、それに惑わされることなく、自分の信念によって行動すべきである。

しかし日本人の特徴として、人と同じことに満足するという傾向がある。逆に言えば、人と違うことをなかなかしたがらない。だから、誰もがやらないようなものに投資をすることがなかなか出来ない。そういう人は「変わった人」ということになる。

反対に、バブルの時のように誰もが株や不動産を買いあさっている時には、追随買いをしてしまうのである。

しかし、これでは儲けることは難しい。

一つの株に注目してこれを買うことにしたとしよう。実際は図6に示したように単調に動くものではないが、仮にこういう動きをしていたとすると、Aの時点で買えば一番よく、Bの時点で買うと一番分が悪い。しかし、現実はA時点で買っている人は殆どいない。

これはあくまで結果から見た値動きで、だからこそ安値、高値というものがはっきりしてくるが、実際は、A時点ではまだ下がる可能性がある。値段が下がっているので、買おうとしている人よりは、売ろうとしている人の方が多いのである。言い換えれば、「まだ下がる」と思っている人が多数派なのだ。

こういう時は何かその会社に悪いニュースがあるのかもしれない。なかなか買いにくい状況にあることは間違いないが、結果から見ると一番利益が上がる所である。リスクとして見てもA時点以前と比べると安くなっているので、リスクは低くなっている。

では、B時点ではどうかというと、売りたい人より買いたい人の方が多く、人気が出ているのである。「まだ上がる」と思っている人達が多数派である。大衆心理としてはこういう時に自分もこの流れに乗り遅れまいと思ってしまい、買い手が続々と増えてくるのである。ちなみにバブルとはそういう状態であ

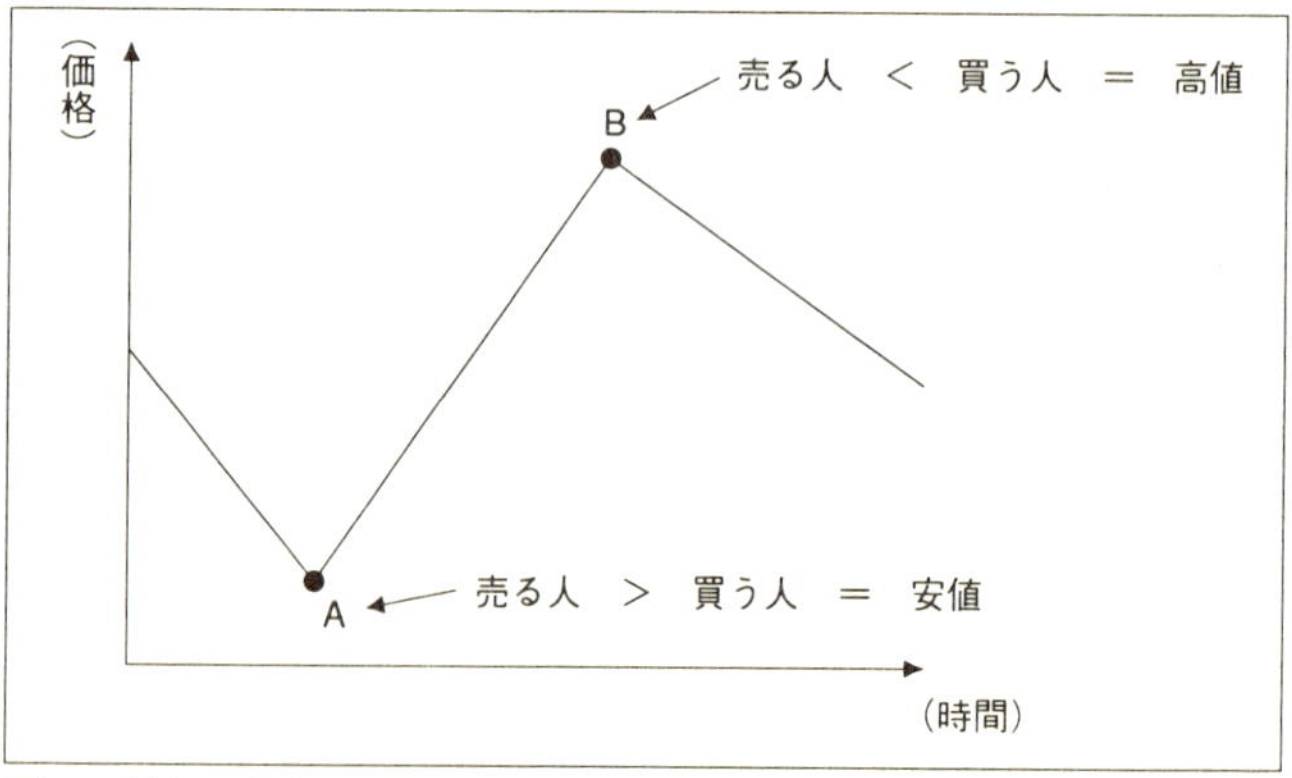

図6　株価の値動き

る。

これをリスクの観点から見ると、後から買う人ほど高い値段で買うことになり、リスクが高くなっている。

もちろん現実には一本調子で上がり続ける訳ではないので、前に買った人より有利に買える時もあるが、こういう相場は次から次へと買う人達によって株価が押し上げられているので後から買う人ほど不利である。どんどんリスクが高くなっている。確かに小さな利益ですぐ逃げることは出来るかもしれないが、前に買っている人が大きく儲けていればいるほど、小さな利益では満足出来ずにもっと値段が上がるまで待ってしまう。そうこうしているうちに、値段が下がってくると利益どころか損失が発生してしまう。

だから、人気が出て株価が高い銘柄などは余程注意して検討しなければならない。人と同じことをしてついていくだけでは、大儲けは難しいのである。人が見向きもしないようなものにこそチャンスは転がっている。もちろん何でもかんでもという訳ではないので、自分の眼でしっかりと見て、検討しなければならない。

第十八章　二段階・三段階の売り買い

これから述べることは私の考え方なので、真似をする必要はない。参考にでもして頂ければいいかと思って書いている。

誰でもそうだと思うが、買ってから値段が下がると「もったいない。もう少し待ってから買えばよかった」と思うし、売ってから値段が上がれば「もう少し待てばもっと儲かったのに」と思うものである。もちろん理想を言えば一番安い値段で買って一番高い値段で売って大きな利益をとりたいものである。しかし、現実的にはこれはほぼあり得ないことである。最安値をつけるのはほんの一瞬であることが多いし、同じ日に注文しても時間によって値段が動くので、相当運がよくないとそういった所は買えない。最高値もしかりでである。だからこの両方となると奇跡に近い。

ただ、そういうことが分かっていても、買ってから値段が下がったり、売ってから値段が上がってくると悔しくなるのが人情である。そういう時の為に、売り買いをする際に二段階、三段階――もしくはそれ以上に分けてもいいが――に分けることをお勧めする。

もちろん最低単位の取引をする人は分けられないし、また分かりやすく一気に売買をしたいという人達にはこれは関係ない。ただ、分けて売り買いをすると余裕を持って取引出来る。そして、最初に買ってから値段が下がれば、そこで買えばいいのである。

確かに前に買ったものはマイナスになっているが、今回買ったものは前よりもいい値段で買えたので、リスクも小さく、チャンスは大きい。

また、最初に買った所まで値段が回復すると、最初に買っただけなら何も変わりないが、先に述べたような難平《なんぴん》買い（最初に買ってから値段が下がってきた時にその下がった所で再び買うこと）をした場合には含み益が発生する。こうすることで、指をくわえて見ているだけでなく、色々と動きようが出てくるのである。

もちろん、難平買いしてから更に下がってくれれば損も大きく増えてくる。ただし、こういうように分けて買う方がリスクを分散出来ていいと思う。売りの場合も同様である。ただ、先に述べた後悔の度合いからいうと売る時の方が大きいと思う。それは実際に損得が結果となって現れるからだ。誰でも損をするよりは得をしたいし、同じ得なら多い方がいいに決まっている。だから売る時はより高く売って、利益を大きくしたいものである。だが、決済してから値段が上がるとその分儲け損ねた気分になってしまう。だから予め手仕舞う（決済すること）値段を決めて、そこで第一段の手仕舞いをするべきである。買っていたものを売って損益を確定させること）値段を決めて、そこから下がればいい所で売ったことになり、逆に上がってきた場合には第二段を考えればよい。

以上のような方法でいけば、リスクの分散も出来るし、あまり「もったいないことをした」という気持ちにもならないと思う。ただ、人それぞれ向き不向きもあるし、方法は十人十色なので、自分の好きなようにやっていただければいいと思う。あくまで参考程度に考えてもらいたい。

第十九章　引き際が肝心

先に述べたように、投資においてはいつまでも思惑通りに儲け続けることは出来ない。どんな勝負事でもいつか必ず敗れるものである。となると、ずっと投資を続けていればいつか損をしてしまうということになりかねない。

だから、引き際というのが問題となってくる。いつまでも永遠に儲かり続けるのならやめなくてよいが、実際はそういうものではないから、どこでやめるかが重要になる。

一番いいのが儲け続けて損をしないうちにやめることである。しかし、実際はこれが難しい。

儲け続けている時というのは、自分でも自信があるし、もっと儲かってやるという欲求も強くなってくるのでやめられない。まだチャンスがあるのにここでやめるのはもったいない、と考えてしまうものである。その結果どうなるかというと、結局「損してやめた」ということになってしまう。

最初から損をすると嫌になってやめてしまう人が多いが、儲かり続けている人は少しくらいの損ならそれがたまたまだと思い、それを取り返そうと逆に今まで以上に力を入れてしまうものだ。そうなるとあまりいい結果は出てこない。

パチンコで玉がどんどん出てきて、箱が一つ二つと増えてくると、なかなかやめるタイミングは難しい。続ければもっと出て更に儲かるかもしれないが、逆にここから全く駄目になり、せっかく増やした箱を次々に減らして結局ゼロになってしまうかもしれない。だから、始めからどこでやめるか決めておくのがよい。

はっきりと幾ら儲かったらやめる、幾ら損したらやめると決めるのもいいし、曖昧に決めるのもいいだろう。時期によってやめるのもいいだろう。とにかく、いつやめるかという目安は必要だと思う。漠然と続けていれば結局いつまでもいつまでも続けることになってしまい、上手くいっていたものが駄目になってしまうものである。

ただ、予めやめる時を決めていても、いざその時になってしまうとやめられないという人もいる。まだ儲かるのではないかと欲が出てしまうのである。人間の欲とは限りないものである。まだチャンスがあると思えばいつまでもやめることは出来ない。

しかし、いつまでも勝負し続けていればそのうち疲れてしまうのだから、いずれにしろどこかで一休みすることは必要である。

誰でも大儲けが出来るなら大儲けをしたいが、そればかりを狙っていればいつか必ず大損をしてしまう。たまには着実な儲けを心がけて冷静になることも必要かと思う。やめるのはいつでも出来る。しかし、どのタイミングでやめるのかということは非常に大切である。

「終わりよければ全てよし」という言葉があるが、投資の世界はまさにこれである。途中でいくら儲かっていようが、最終的に損をしていれば、そんなものはただの夢物語にすぎない。逆に途中で惨々な目にあっていても、最終的に儲かっていれば、途中の苦労話も成功へのステップとして堂々と語ることが出来る。

この二つを分けるのはいつやめるかというタイミングだけである。だからこそ引き際が肝心となってくる。どこを引き際とするか考えながら勝負に臨むべきである。どういう結果になるかはそれ次第なのだから。

第二十章　ポートフォリオ

ポートフォリオとは、資金を分散して投資をすることである。

例えば資産が一千万円ある人がいたとして、百万円は手元に置き、五百万円は手堅く定期預金をし、三百万円は配当狙いも兼ねて安定した大企業の株を買い、残りの百万円は大幅な値上がりを期待してベンチャー企業の株を購入するというように、幾つかの金融商品に資金を分けることをいう。

何故このように資産を分散させるかというと、一ヶ所に集めておくといざという時に対処出来なくなる恐れがあるからだ。

そんな人はあまりいないと思うが、仮に全財産をカバンに入れて持ち歩く人がいたとする。もし、そのカバンが盗まれてしまえばその人は一文無しになってしまう。だから普通はそんなことはしない。財布にはその時に使う程度のお金を入れておいて、残りは自宅にいくらかおいて、殆どのお金は銀行なり郵便局なりに預けておくものだろう。

全財産を自宅においていても危ない。窃盗にあうかもしれないし、火事で家が燃えてしまえばお札も燃えてなくなってしまうからだ。いくらたくさんの現金を持っていても、燃えてなくなってしまえば何も買えない。こういう時は火災保険に加入していれば保険金が入ってくるが、これもポートフォリオの一つに当たる。火事にあうかもしれない、というリスクを保険によってカバーしているのである。

銀行や郵便局などにお金を預けていれば、通帳が燃えてしまってもいくら預けていたかは記録として残っているので、手続きは面倒だが引き出すことは出来る。

このように、大抵の人はお金を分散させておくものである。一ヶ所に集中させると、そこに万が一のことがあれば全財産を失う破目になるかもしれないからだ。

それと同じで、投資をする時も一つの金融商品に資金を集中させると、上手くいけば問題ないが、失敗してしまうと回復出来ないほどの痛手を受けることもあり得る。それに対し、資金を分散させておけば、確かに全部が全部上手くはいかないかもしれないが、逆に全部が失敗するということもないだろう。だから、一つが大失敗しても他のもので挽回がきくのである。

分散していた方が色々な対処の仕方が出来るのである。一つだけだと、それを続けるかやめるかの二者択一のみである。

さて、このポートフォリオを考える際にバランスというものが大事になってくる。ただ無闇に分散しても仕方ない。あくまでリスクを分散させるのが目的だからである。

人それぞれスタンスが異なるので一律にこうだと決めつけるべきではないが、やはり大部分はローリスクのものにすべきだ。大部分をハイリスクなものにしてしまうと、上手くいけばいいが、失敗した時には目も当てられない状況になってくる。リスクの高いものほど、資産に占める割合を低くすべきである。

競馬を例にとると分かりやすい。

話を簡単にする為、単勝で次の三つに賭けることに決めたとする。一番人気でオッズ（概算配当率）二倍のA馬、中位の人気で十倍のB馬、そして大穴で百倍のC馬の三頭である。

この時、十万円の元手でこの三点に賭けるとする。リスクとリターンの関係から見れば、ローリスク・ローリターンのA馬、ミドルリスク・リドルリターンのB馬、そしてハイリスク・ハイリターンのC馬ということになる。

もちろん賭け方は人それぞれ自分の好きなようにすればいいが、ここではポートフォリオの組み方を考えているので、次のように賭けてみる。

A馬に八万円、B馬に一万五千円、C馬に五千円。

先ずA馬は非常に強い馬なので当然オッズも低い。だから五万円未満の金額を賭けても、二倍になった所で最初の十万円を割り込んで損してしまうので意味がない。だから当然五万円以上賭けることになる。

次にB馬の場合は、もしかしたら来るかもしれない、というものである。だからA馬ほどの金額は張れないが、A馬に賭けるよりは五倍も収益がいいのでそれなりの金額を賭ける価値がある。

最後にC馬であるが、これは殆ど来る可能性はないので、来ればラッキーという気持ちで〝捨てガネ〟を賭ける。その代わり、見返りはA馬やB馬に比べると非常に大きい。ただし、あまり期待してはいけない。駄目でもともとの気分で挑むべきである。

　ちなみに、この賭け方でそれぞれの馬が実際に勝ったらどのくらいの儲けになるか計算してみる。

　A馬の場合、八万×二＝十六万となり、十万円賭けたので六万円の儲けとなる。

　B馬の場合、一万五千×十＝十五万円で五万円の儲け。

　C馬の場合、五千円×百＝五十万で四十万円の儲け。もちろんこの三頭のいずれも一着にならなければ十万円の損である。

　ポートフォリオとはこのようなものである。この競馬の例だとA馬とB馬とC馬が全て一着となることはあり得ないが、投資商品の場合は全て利益となること

投資対象	A馬 一番人気 オッズ2倍	B馬 中程度の人気 オッズ10倍	C馬 大穴 オッズ100倍
賭金内訳	80,000円	15,000円	5,000円
配当金	80,000円×2＝160,000 160,000−100,000＝60,000 6万円の儲け	15,000円×10＝150,000 150,000−100,000＝50,000 5万円の儲け	5,000円×100＝500,000 500,000−100,000＝400,000 40万円の儲け
※A馬、B馬、C馬　以外が勝った場合は、10万円の損			

図7　ポートフォリオの組み方の例（競馬）

もある。

この例を見れば、大穴を一点買いするような方法は本当に一か八かの賭けであるということが分かるだろう。ハイリスクな商品に全資産を投資するのはまさにこれと同じである。

人生にはそういう勝負が必要になることもあるかもしれないが、その場合は生半可な気持ちで挑むべきではない。

ポートフォリオではバランス感覚が重要になってくる。安全性を重視するか収益性を重視するかで全く異なったものになってくる。自分に合った方法を見つけるべきである。

第二十一章　自己責任の原則

投資の世界では、「自己責任の原則」というものを必ず認識していなければならない。自分の決断で自分のお金を動かすのであるから、その結果については全て自分自身の責任となる。利益を得たのは自分の判断が正しかったのであり、損失を被ったのは自分の判断が誤っていたからである。成功した時は問題ないが、失敗した時は、その結果が受け入れたくない現実であったとしても、甘んじて受けなければならない。

だから、最終的な決断というのは慎重によく熟慮した上で下さなければならない。後悔した所で、損したお金は一銭だって戻ってはこない。戻ってくるのは、その商品を勧めた営業担当者が元本を保証したとか、「絶対に儲かります」と言った、というように法律に触れる行為があった場合だけである。それでも損をしたお金が全部返ってくるというのは稀であろう。ただ、最近は色々なトラブルも多くなり、法律も整備されているので救済の余地は広がっているだろう。

だが、それ以前にそういう問題にならないようにしなければならない。これは投資に限らず様々な取引においても言えることである。

投資を始めた人のなかには「よく分からなかったが営業担当者が自信をもって勧めるので儲かると思い取引を開始した」という人がいる。こういう人は勧めた方向と事態が逆に進んで損をした時にトラブルになることがある。予測が全く外れれば怒るのはもっともなことで、同情すべき余地はあるかもしれないが、一番の責任は投資した自分自身にある。始めに、自分自身に「少しでも儲かるかもしれない」という下心があったからお金を出したのであり、そういう気持ちがあるから営業担当者の話に乗ってしまったのである。

どんな商売でもそうであるが、わざわざ自分の販売する商品のマイナス点ばかりを述べて売る人はいない。やはりいい所ばかりを強調するものである。だから物を買う時はその部分を差し引いて考えなければならない。マイナス点は自分自身で見たり調べたりして見つけなければ、相手からはわざわざ教えてはくれない。そして、そのマイナス点も加味した上で総合的に判断した上で買うか買わないかを判断するべきである。

もちろん、売り手が幾らマイナス点を言いたくないといっても最低限のことは説明しなければならない。例えば薬では副作用や使用上の注意というものである。投資商品においては、損する可能性について言及しなければならない。

とはいえ、営業担当者が商品を勧める際に「この取引をすれば損するかもしれませんがいかがですか？」というようなことを言ったら、投資する人はいないだろう。だから営業担当者も「今、絶好のチャンスですのでやりましょう」というようにいいことを言うものである。営業担当者が儲かる話をするのは当たり前のことだ。だから話を聞く上では全てを信用せずにおいて、後は自分自身でその商品についての判断を下さなければならない。儲かりそうに感じなかったり、他に何か不安があれば、手を出すべきではない。あまり調べる気はしないが何となく儲かりそうだと思う人は、本当になくなっても困らない程度の金額で取引すべきであろう。

自分のお金を動かすのであるから、そのことに対して人からとやかく言われる筋合いのものではない。逆に、自分が判断したことであれば、人に対してとやかく言うのは間違いである。自分で始めたことなのだから、その責任は自分に帰すのである。自己責任の原則とはそういうものだと思う。

第二十二章　投資に絶対はない

誰でも分かっていることだと思うが、投資の世界に絶対というものは存在しない。

確かに、過去のデータや様々な状況から「これは間違いないだろう」と思われることはある。しかし、それは一〇〇%に近いかもしれないが一〇〇%ではあり得ない。世のなかは何があるか分からない。ほぼ一〇〇%間違いないと思ったものでも、蓋を開けてみると全く予想外の結果になってしまうことだってあるものだ。また、順調にいっている時ほど自信がつき、遂には自信過剰になって自分の予測を絶対のものだと思うようになってくる。こういう時は冷静な判断など出来ないもので、後からじっくり振り返ってみると見逃していたものが多々あったりする。心の中ではそういうことが分かっていても、ふとおいしい話が転がり込んでくるとそんなことは頭の隅へと追いやられ、周りが見えなくなってしまうことがある。

確かに「可能性が非常に高い」という状況はある。しかし、それは「絶対間違いない」というものではない。どこでどうなるか分からないのが現実なのである。一〇〇%儲かるものが実際にあれば借金してでも多額の資金をつぎ込むべきだが、そんなものは存在しない。存在すれば、それを知っている人は皆億万長者になっているはずだ。しかし、残念ながら世の中は皆が皆儲かるようには出来ていない。儲かっている人がいればその裏には必ず損をしている人がいるのである。

もちろん、投資をする時は儲かるかどうか分からないものにわざわざお金をつぎ込むべきではない。やはり自分で自信が持てるものに投資すべきである。

しかし、最終的に判断を下す際には、それが根拠のない自信から生まれたものでないかどうかを十分に考えた上で、「投資に絶対はない」ということを肝に銘じておくべきである。

第二十三章　百戦百勝は狙うべからず

勝負ごとにおいて、百戦百勝ということはあり得ない。どんな強いチームだろうが、どんな強い人間だろうが、何度か戦っていれば必ず敗れるものである。

スポーツの世界を見ればよく分かる。プロ野球では、どんな強いチームでも勝率が七割を超えることは殆どないし、大相撲のどんな名横綱でも一年九十戦戦うなかで何度かは黒星がつくものである。

強いということはより多くの勝ちを手にしているということであって、全て勝ち続けている訳ではない。そんなことはまず無理なのである。

投資においても常に予測通りにいき、儲け続けるということはあり得ない。儲かったり損したりするのが当たり前である。だから、常に儲け続けようとしてはいけない。

もちろんお金を動かす時は毎回毎回慎重に吟味して自信のあるものだけに投資していかねばならない。ただ、いくら自信があって取引を始めたとしてもいつも当たり続けることはない。どんなに鋭い分析をしていても外れる時は外れるのである。

そういう時は意地になって回復するまで待ち続けるのではなく、早目に諦めることが大事であろう。もちろん回復して利益が計上出来るようになればそれに越したことはないが、失敗したと思ったら、傷の浅いうちに早目に手を引くことだ。

百戦百勝を狙うな、とは、こういうことを言っているのである。

もちろん毎回「儲かる」と思う所に投資をすべきだが、予測が外れたと思ったら、早目に撤退すべきである。そういう時に無理にお金をつぎ込んでいけば泥沼にはまるだけだ。負け戦は早目に退却すべきなのである。

プロ野球だって、最初から負けるつもりで試合をしている所はないだろう。毎試合勝つつもりで臨んでいるはずだ。ただ、どうしても負ける試合が出てくる。その時、最終戦ならいざ知らず、シーズン途中の試合で負けそうだからといってエース級のピッチャーを二人も三人もつぎ込んでしまえばその後が苦しくなる。だからこういう時は、勝つ望みを捨てる訳ではないが、勝つことに執念を燃やすのではなく、負けることも視野に入れて戦うべきだということである。要は最終的に優勝すればいいのであって、目先の一勝にこだわる必要はない。

投資についても全く同じことが言えて、最終的に儲かっていればいいのである。極端な話が、百回投資をしたとして、最初の九十九回が連続で予測が外れて損し続けたとしても、最後の一回で大儲けをしてそれまでの損失を取り戻して、最初の投資額より増えていればそれでよい。途中でいくら間違いを犯しても、それが大負けでなく、取り返しがきくものであれば外れても大丈夫なのだ。ただし、目先の利益に執着し過ぎて大損失を被ってしまえば元も子もないので、あまり無茶をしないことである。

つまり、勝負ごとは勝ったり負けたりするのが常なのだから、負けるのも当然のことである。だから負けるべき時には無理に勝ちに行くのではなく大負けをしないように心掛けねばならない。投資であれば損をする時は損失を出来るだけ少なめにし、逆に儲ける時には大儲けをするようにしていく。そうすれば、予測が当たった回数より外れた回数の方が多くても、トータルとしてはプラスとなることがある。

百戦百勝などはあり得ないのだから、常勝などは狙わず、最終的に勝利を収めるにはどうしたらいいかを考えるべきである。途中でいくら損をしていても最終的に儲かっていればいいのだから……。

第二十四章　分からないことはするべきではない

最近はデリバティブもどんどん増えており、金融商品も複雑なものが増えてきている。これらを上手く組み合わせれば、リスクを軽減しながら高収益を得ることも可能である。

しかし、そういうものは下手をしたら専門家でも分からないことがある。一般の投資家であれば尚更理解するのは難しいであろう。自分で勉強することは可能であるが、専門的なことなので独学するのは難しいし、そういうものを学ぶ場所もなかなかない。だから徐々に身につけていくしかない。

だが、顧客のなかには、難しいためよく理解しようともせず、ただ儲かる確率が高いというだけで投資をしてしまう人がいるものである。確かにその通り儲かればいいだろうが、逆に損をしてしまうことだってある。この時は、元々その商品が理解出来ていないのであるから、先ず何故損をしたかという原因も分からない。そのため、この失敗を次につなげることが出来ない。今後につながらない失敗など何度やっても同じことである。全く意味がない。

また、儲かったからといって理解出来ないまま続けていても、いずれ必ず失敗する。回数を重ねるごとに少しずつでも理解の度を深めようとしなければならない。難しいものでも何度かやっていれば多少なりとも分かってくる。但し、理解しようという気持ちがなければそれは殆ど無理である。

ここで、分からないものへ投資する一番の問題点を挙げる。それは他人まかせになってしまうということである。分からないのだから自分の判断ではどうしていいかも分からない。当然担当の人間に頼ることになる。その人が善良な人ならいいが、実は悪い人間で、自分の売上実績の為に好きなように顧客を誘導していたら大変である。

その金融商品自体がよく理解出来ていなければ、そういったことをされていても気付かない。知らないうちに利益を減らされたり、損失を増やされたりすることになる。

そういう事態を避けるために、理解出来ない金融商品は出来るだけ手を出さない方がよい。どうしても投資したいなら、なくなってもいいような少額の資金で投資することだ。分からなければ自分で勉強したり、担当者に質問して理解するように努めなければならない。自分の大切なお金を投資するのだから、他人に頼るのではなく、他人の意見を参考にしながら自分自身の考えに従って取引しなければならない。

商品自体が理解出来なければ金銭的に儲かった・損したの結果しか得るものはないが、理解出来ていれば何故儲かったか、何故損したかという途中経過も有意義なものとなってくる。そうすれば失敗してもそれを次に生かすことが出来る。

分からないことは無理にする必要はない。先ず分かることからしていくべきである。経験を積み重ねていけば、難しいと思っていたものも何となく分かってくるものである。急ぐ必要はないのだ。

第二十五章　投資の世界にプロも素人もない

投資の案内を受けた人のなかには「素人だからどうせ損をする」とか「プロには勝てないよ」などと言う人がいる。大概はただの断り文句に過ぎないのだが、本当にこのように思っている人もいるようだ。

しかし、投資の世界のプロと素人というのは、経験の程度から見ればそう言えたとしても、損得の面からはそういう区別は存在しない。もちろん、あまり知らない人よりよく知っている人の方が有利である。そういう意味では何度も投資経験がある人の方に一日の長がある。損をした時の対処法などは、やはり長年の経験がある人の方が色々なバリエーションを持っていて上手くさばくものである。

だが、損をするか得をするかという観点で言えば、全くの初めてだから損をするという訳ではないし、経験豊富だから必ず儲かるというものでもない。全然経験がないので先入観がなく、思い切った投資をして「ビキナーズラック」と呼ばれる大儲けをすることがあるし、逆に経験が邪魔をして大きなチャンスを逃すこともある。経験の多少で一概に儲かるか儲からないかが決まる訳ではないのだ。アメリカでは、ノーベル経済学賞を受賞した学者にヘッジファンドを組ませて見事に大失敗をし、顧客に多大な損失を被らせたことだってある。日本人であれば、ノーベル賞というブランドを必要以上に信用して、これに乗る人はもっと多そうな気がする。確かにノーベル賞をとった人だからその経済理論は素晴らしいものを持っているのだろう。しかし、いくら素晴らしい理論を持っていたとしてもそれが実際に生きた経済のなかで一〇〇%のものになり得るかと言えば、そんなことはない。だから、ノーベル賞をとるような人でも損をするのである。逆に彼が損をした裏には儲かった人がいるということである。同じ取引をした初心者に儲かった人がいるかもしれない。

損得に関しては経験の多少はそれほど意味がない。素人だとかプロだとか、そんなことは気にする必要はないのである。

ただし、前にも述べたようにあまり知らないよりはよく知っていた方がいい。だから、投資を始める際には多少なりとも研究しておくべきである。経験で損得が決まる訳ではないからといって、自分の勘だけでガムシャラにやればいいと言っている訳ではない。やはりそれなりの努力というものは必要である。何の努力もなしに楽をして儲かり続けるということはないのである。

第二十六章　長期か短期か

資産運用をするに際しては、長期で運用するか短期で運用するかによって運用の仕方が異なってくる。もちろん短期間で莫大な成果が得られればそれに越したことはないが、なかなかそう思うようにはいかないものである。長期間じっくりと狙う方がチャンスが多いものである。

何かとお金が要りような人は、長期で運用は出来ないから、投資するとしたら短期になってしまう。短期運用であれば最初の選定を慎重にしなければならない。最初の予測と逆の方向に動いてしまうと回復するまでに時間がかかってしまい、結局時間切れで損切り（その時点で処分すると損失が発生するが、それを承知で処分すること）せざるを得ないからである。短期運用ならリスクの大きいものになってしまう。リスクの大きいものほど結果が早く出るものだからだ。

長期運用だと、定期預金や公社債などリスクの低いものが主流になってくる。こういうものは、ある一定の期間を経過しないと利息は発生しないから、短期では結果を出せない。しかし、こういうものばかりだとリターンは自ずから限られてくるので、投資妙味は少ない。

株のようにリスクが大きいもので長期運用をするならば、あまり焦らないことである。配当がきちんとつく株ならば、極端な話その配当分のマイナスであれば、損得なしの状態である。また、買った値段が天井である可能性はそれほど高くはない。仮に値が下がったとしても、長い期間待っていれば、その値段まで回復してくる時があるものである。ただし、買った値段からずっと下がり続けていれば回復の余地はないかもしれないから、そこは見極めが重要になってくる。

長期間見ていればそれこそ上にも下にも振れ幅は大きくなってくるのでチャンスも多くなってくる。基本的に焦ってしまうとろくなことがないので、長期運用でじっくりと狙う方がよい。結果が早く出たら、そこでやめてしまえばいいだけの話である。
短期運用はリスクが大きくなるので慎重にかからなければならない。

第二十七章　テクニカル分析

基本的に、株を買う場合に銘柄を選定する決め手は、その会社の業績がよいとか新製品の開発で今後業績を伸ばしてきそうだなどというものである。商品先物取引では需給のバランスや輸出入の状況などである。このような、株価や物の値段に直接影響を及ぼすものをファンダメンタルズといい、最初はこれらを考慮して取引するものである。

しかし、経験を積み重ねた人達のなかには、これとは別に過去の値動きを表したグラフ（チャート）から導き出される数値から判断して取引する人々もいる。これをテクニカル分析という。

テクニカル分析には色々なものがある。

「移動平均線」や「一目均衡表」、「ストキャスティクス」などが挙げられる。同じ移動平均線でも、「六日移動平均線」や「十三週移動平均線」など、日数の違いによって若干異なってくる。人によってそれぞれ好む日数があるだろう。

これらを利用する際には何%を下回ったら買いで上回ったら売りだとか、またチャートに現れた形などから売り買いを判断したりする。その変化は、ファンダメンタルとは全く関係なく決まってくる。

ただし、これらのテクニカル分析もやはり絶対のものではない。確かに過去においては高い確率で当たっているものもあるが、外れることだって当然ある。参考にするのはいいが、あまり頼り過ぎない方がいい。相場とはそんな簡単なものではない。一〇〇%のテクニカル分析があればみんなそれを使って大儲けをしていることだろうが、そういう話は聞いたことがない。コンピュータだって故障することがあるのだから、テクニカル分析だって外れることはあるのだ。

どれが一番当たりやすいか研究するのもいいが、あまり深入りしない方がいい。ファンダメンタルズと合わせて総合的に判断する方がよい。

第二十八章　自分の枠を知ること

投資をする上で大切なことの一つに、自分の投資する金額の枠を知るということがある。例えば、一千万円しか持っていない人が一千万円の投資を行うとすれば無謀以外の何ものでもない。上手くいけばいいが、万が一失敗してしまえば無一文になってしまうからだ。

この場合、投資するのであれば、金融商品のリスクの度合いにもよるがハイリスクのものなら百万円くらいがいい所であろうし、ローリスクのものなら三百万円位のものであろうか。もちろんこれは例として挙げただけなのでこれ以上でもいいのだが、もしものことを考えて慎重にいくべきである。たとえどんなに自信があったとしても無理をしてはいけない。自分自身の全財産を把握した上で、無理のない資金を考えていくことである。人のことは気にせず、自分のペースで計画的にやっていくのが大事である。

人間は誰しも食費や光熱費などの生活費をはじめ最低限のお金は必要になってくる。また、生活していくなかで臨時にお金が必要になってくる事態も考えられる。そういうものの為に多少のお金は残しておかねばならない。

儲けようとして投資をした為に生活がままならなくなったというのでは本末転倒である。極端な話、これくらいのお金ならなくなっても構わないというくらいの金額で投資をするべきである。

投資をする際には、予め投資金額の枠を決めておくべきだと思う。そして、最初からその枠一杯一杯でやるのではなく、ある程度の余裕を持って始めるべきだと思う。すぐにスパッとやめられる人ならばそれでいいかもしれないが、損をしてそれを取り返そうなどと考えてしまえば、すぐに新たなお金が必要になり枠を越えてしまうからだ。だから、実際に投資をする際にはどういうバランスで資金を出していくかをきちんと考えていかなければならない。

何をするにも余裕を持って、いざという時のことまで考えて取りかからなければならない。

第二十九章　着実に増やしていくこと

誰でも少ない資金で大きな利益を得たいし、またどうせなら短期間でよい結果を出したいものである。しかし、たまにはそういう結果に恵まれる時もあろうが、やはりそういうものはあまり無理に望むべきではない。一気に十倍になり、そして百倍になっていけば言うことはないが、やはり一割、二割と着実に増やしていくしかないだろう。

夢を見るのはいいが、それによって現実離れしてしまってはいけない。現実にはそうそう上手くいくものではない。やはり儲けたり損したりの繰り返しなのである。一攫千金の大勝負をすることもたまにはいいが、何度もするものではない。何度も勝負していればそのうち大きな痛手を被ることになる。なかにはそういうスリルを楽しむ人がいるが、余程慎重に検討してもらいたいものである。

お金を稼ぐというのはなかなか楽なものではない。誰でも楽して儲けたいと思うだろうが、投資においてもあまり楽に儲かるものではない。やはり着実に一段一段ステップアップしていくものである。

短期間で大きな結果を出そうとするのではなく、少し時間的に余裕を持ってコツコツと増やしていくべきである。

第三十章　相場の負けは相場で取り返そうと思うな

「相場の負けは相場で取り返す」という人がいる。そういう人は、どうも相場で使うお金と仕事などで稼いだお金を別勘定のように捉えているような気がしてならない。

相場で使おうが何かものを買って使おうが、全く同じお金なのであって、使うお金の色や形が異なる訳ではあるまい。それなのに相場で損をすると、その分を働いて稼いでも、何か埋まったような気がしないのだろう。

相場で使ったお金も一種の消費であって、その人の考え方によって色々と得るものがあると思う。損をしたのなら色々と反省材料もあることだろう。いい経験をさせてもらったと思いたいものである。それなのにやはり相場で取り返してやろうと考える人はいるものである。

しかし、そういうような心持ちで取りかかると、大抵上手くいかない。冷静な判断が出来ないからである。復讐する気持ちから始まっているので、そもそもが平常心ではない。こういう気持ちで臨むと、むきになって、失敗した時と同じ取引で始めたりする。上手くいったらいったで、その勝利に酔って調子に乗りやすくなってしまう。そうなるとそこに落とし穴が生まれるのである。

だから、相場の負けを相場で取り返そうとは考えないことだ。どうしてもまた始めるなら、すぐに始めるのではなく、十分な準備期間をおいて、余裕を持って臨むべきである。余計なことは考えずに、冷静にじっくり取りかかるべきだ。

相場で儲かったり損したりしたお金も、日常生活において稼いだり使ったりしたお金も、同じお金であって、そこには何の違いもないのである。取り返そうなどと考えてもろくな結果にならない。

第三十一章　儲けとは手元にきて初めて儲けと言うものなり

「儲かった」という話を聞いてみると、それがただの途中経過で、実際にはまだ手元に入ってきていない、ということがよくある。確かに予測通りにいって資金が増えているのであろうが、それでは儲かったとは言えない。

例えてみれば、パチンコでフィーバーして玉がどんどん出て、箱が増えている状態と同じである。この状態で「儲かった」と言う人がいるが、その人が家に帰ってきた時に出掛ける前より実際に儲かっているかというと、必ずしもそうではない。幾ら箱が沢山あろうが、そのまま続けて結局箱がなくなってしまえば儲かったとは言えない。あの時点でやめておけばよかったなあ、というだけのことになってしまう。実際に手元に入ってきて初めて「儲かった」と言えるのである。

途中でいくら上手くいっていても、最終的に資金が減少していれば、それは損しているのである。しかし、投資をしている人のなかには、途中で上手くいっているだけで実際に儲けたお金を手にしていないのに、「儲かった」という感覚になっている人がいる。これは例えば、野球で五回までに一〇対〇で勝っている状態の時に「勝った」と言っているのと同じである。確かにこれだけの差があればまず勝つであろうが、世の中何が起こるか分からないものである。九回終わってみれば一〇対一一で負けていた、ということだってあり得る。途中経過がいくらよくても最後に損をしていたら何にもならないのである。

だから、途中上手くいっている時はその勢いを持続していくのも大切なことだが、儲かったお金を一部現金化して、実際に自分の手元に戻しておくべきだと思う。そうすればリスクも軽減出来るし、その手元に戻した分の余裕を持って取引が出来る。その分損をしても、プラスマイナスゼロの状態になる。手元の分より損をしなければトータルとして利益である。また、そのお金で何か欲しいものでも買えば、儲けた甲斐があったというものである。

儲かったお金を手元に戻していって、その金額が最初の投資金額に達したならば、後はただで投資しているのと同じである。そして、最終的に残った金額が利益ということになる。

儲かったお金を手元にひかずに、それをそのまま次の投資に回せばリスクが大きくなり、なくなるのも早い。手元に現金化していればリスクも減少し、余裕が生まれる。

「儲かった」という言葉は、自分の手元に利益金が入ってきた時に初めて言ってもらいたいものである。

最初は多少のリスクを冒さなければ利益は得られないが、実際に結果が出てきたのならあえて大きなリスクを冒さずに堅実にやっていくべきである。途中経過に満足せずに着実な勝利を得る為にも利益は手元に入れていかねばならない。

第三十二章　「顧客の損＝企業の利益」ではない

たまに、顧客が損をしたお金が投資商品を扱っている企業の儲けになっている、と勘違いしている人が見受けられる。しかし、これは間違いである。そういう人はよく「客に損させて自分達ばかり儲けやがって」などと言う。実際には企業側の儲けは手数料であるから、顧客が儲かろうが損しようが入ってくる金額は変わらない。企業側が利益をあげようとすれば売買を頻繁にやってもらうことである。そういう意味では、儲かって長く取引を続けてもらい、売買を繰り返してもらう方が会社としては儲かる。顧客に損をさせれば取引をやめてしまうので、会社側としても損失である。したがって、わざわざ顧客に損させようという担当者はいないはずなのである。

もちろん、顧客の心理として「わざと損をさせた」と思ってしまうことは分からないでもない。では、実際に顧客が損をしたお金はどこにいっているかと言えば、その顧客と逆の取引をして儲かった人々の所へいっている。例えば、相場が下がっている局面であれば、上がると予測して買っていた人は予測が外れて損をしてお金が出ていき、逆に下がると予測して売っていた人は予測が当たり儲かってそのお金を得る、ということである。もちろん、市場ではたくさんの人達が取引に参加しているので、これらが多人数によって行われている。要は、投資家が儲けようとして出した資金を、市場のなかで取り合っている訳である。もちろん、市場には投資資金でないお金も入っている。株式市場では売買目的以外で株を持っている人だっているからだ。

だから、損をしたからといって、その担当者に悪意があるという訳ではない。手数料が収入であることから、必要以上に売ったり買ったりを繰り返させる担当者であれば気をつけた方がよい。もちろん売り買いをするたびに利益が上がっていればいいのであるが、売り買いするたびに資金が減っていっているようであれば少し考えた方がいいだろう。

自分のお金なのだから、自分のやりたいように動かすべきなのだ。

第三十三章　どんな時代でも儲かるものはある

世の中には色々な投資商品がある。金融商品も様々な種類のものが次々に開発されていて、その数も増えていっている。色々な商品があるので、その時々によってよい商品もあれば悪い商品もある。

景気にしても、バブル期のような好景気もあれば現在のような不景気もある。

こういう不景気な時代には、日本人は財布の紐が固くなって、消費や投資は手控える傾向が強い。もちろん、個人の自由なので投資をしないのも自由だし、お金がないのに無理にやるものでもない。ただ、不景気だから何をやっても儲からないと思っているのなら、それは間違いである。どんな時でも必ず儲けることが出来る商品は存在するのである。

バブルの頃はどの銘柄の株もそして土地も殆どの値段が上昇していたので、買っていた人達は大概儲かった。では、みんながみんな儲かっていたかと言えばそんなことはない。少数ながらも損をしている人はいるのである。

それと逆のことも当然言えるのであって、どんなに景気が悪くても儲けることが出来る投資方法はある。ただ、普段よりその数が少ないというだけの話である。だから、不景気だからといってチャンスが全くない訳ではない。

日経平均株価が大幅に下がっている日でも株価が上昇している銘柄はあるはずである。何千もの株が全部が全部下がっているということはあるまい。少ないながらも必ずいくつかの銘柄は上がっているはずである。

だから、不景気だといって諦めてはいけない。確かにチャンスは限られているだろうが、必ずあるはずである。もちろん、無理をしてはいけない。ただ、どんな時代でも必ず儲けることは出来るのである。

第三十四章　赤信号みんなで渡れば恐くない？

日本人の特徴の一つとして、人と同じであることに満足するというものがある。逆に、人と違ったことをしているとおかしな目で見られがちである。

しかし、投資の世界ではむしろ「人の行く裏に道あり花の山」というように、人と違うことをやっている方が儲かるものである。だが、これが元々の習性によってなかなか出来ないことが多い。みんなが買いだと言っている銘柄を売ることが出来ないし、売りだと言っている銘柄を買うことが出来ない。

もちろん、わざわざ人と反対のことをする必要はないが、みんなの真似をする分には後から乗る方が不利なので、人より遅れをとっていることは確かである。

例えば、日経平均株価が右肩上がりに上昇を続けていたバブルの時代などは、みんな競うように株を買っていたものである。たくさんの人が株を買うから更に株価が上がっていった。そしてみんなが株を買うから真似をして株を買っていった。しかし、盛者必衰の理《ことわり》で、上昇したものは必ず下降するのである。しかも、上昇の幅が大きければ大きいほど下落の幅も大きくなるものである。そういうことを予想して撤退した人はわずかながらいただろうが、殆どの人はそれでもそのまま乗って買い続けていったので、結果としてバブル崩壊で大損する破目に陥った。

物の値段が上がるというのは、売る人よりも買う人の方が多いということである。だから、人気が出てみんなが買っている状態の時が一番の高値になってくる。バブル期のような右肩上がりの相場でみんなの後について買っていくことは、後から買う人ほど値段が高くなってリスクが大きく、またその分旨みも減ってくる。ネズミ講で後から会員になっているようなものである。

だから、人の真似をするのではなく、自分でいいと思う商品を見つけて投資する方がよい。

もちろん、投資の仕方として大儲けを狙わずに右肩上がりの相場に乗ってすぐに逃げて、少しの利益を確保するという方法もある。だが、競馬の万馬券もそうだが、要は殆どの人が「こんなもの当たる訳がない」と思ってしまうからこそ、それが当たった時は大儲けとなる。

自分なりの穴場を狙うべきである。

人の性格だってそれぞれ違うのであるから投資の仕方だって人それぞれ異なってくるのが当たり前である。わざわざ人の真似をする必要はない。

第三十五章　マネーゲーム

「マネーゲーム」という言葉がある。これはあまりよい意味として用いられない。投資において必要以上にお金が動いて実需とあまりにも乖離した動きをするとこう呼ばれるものである。

物の値段は需要と供給のバランスで決まるので、売り手より買い手が多ければ値段が上がるし、逆ならば値段は下がる。しかし、本来なら悪いニュースが出て値段が下がるべき所を、多額の資金が入って、逆に値段が上がってしまうことがある。もちろん、その逆だってある。また、本来ならこの辺で止まるべきであろうという値段をはるかに超えていってしまうこともある。これらは、多額の資金をつぎ込むことによって相場を自分達の有利な方向に持っていこうとする人々が動いているからである。これは確かにゲーム感覚だ。

こういう現象を指して、「素人はプロに太刀打ち出来ない」と言う人がいるが、実際資金量の違いからまず勝ち目はない。だから、そういう商品には手を出すべきではない。

もちろん、そういう商品がすぐ分かるというものではないが、集中的に狙ってくるので非常に限られたものだけである。

投資はそれを本業とするのでなければ、それほど意地になってやるものではない。マネーゲームに参加することなく、いつでも逃げ道を準備しておかねばなるまい。

第三十六章　情報化社会

今の世の中は色々な所から情報を手に入れることが出来る。インターネットの普及で、日本だけでなく、世界中から様々な情報が手早く入ってくる。

色々な情報が溢れているのは便利だが、そのなかには間違った情報や意図的な情報も含まれている。だから、その情報を活用する際には自分自身で十分に吟味する必要がある。情報を鵜呑みにしてしまうと大変な被害を受ける可能性がある。間違った情報を故意に流して、そこにつけ込んでいく人間もいるからだ。だから、一つの情報だけを信じて判断を下すのではなく、色々な所から幅広く情報を収集して判断しなければならない。

投資をする際にもこの点に留意しないといけない。何らかの情報によって儲かると思ったものに投資するのであるから、判断は慎重を期すべきである。どの商品にもよい情報と悪い情報がある。投資をする際には、それぞれを総合的に判断して決めるべきだ。

だが、投資をしている人は得てして自分にとって有利な情報ばかりを聞いて、不利な情報を無視してしまうものである。きちんと判断出来ていればいいが、なかには状況が悪化しているのにまるで現実逃避をするように偏った情報を信じ続けていることもある。情報が様々な場所に溢れているので、そのなかから確実な情報のみを入手するのは難しいであろうが、中立の目で判断出来るようにしたい。状況が不利になっているのなら何故そうなったかの情報をしっかりと入手し、きちんとした結論を出していかねばならない。

情報を生かすも殺すも自分次第である。十分に慎重を期して、たくさんの情報の中から自分の活用すべき情報を取捨選択していかなければならない。

第三十七章　元本保証

どんな投資商品でも、元本保証であればやった方がいいに決まっている。儲かることはあっても損をすることがないからである。

しかし、実際には投資商品で元本保証のものなど存在しないと言っていい。大儲けする可能性のあるものなら、一〇〇％、元本保証でないと言っていいであろう。むしろ元本保証だとしたら何か裏があると思った方がいい。

投資商品における損得は、要はどれくらいの幅で動きがあるかであり、振り子のように大きく利益が上がるものは逆に大きな損失を被る恐れがあるし、利益がそれほど上がらないものは損失も高が知れている。だから、高リターンが望めるものほどリスクも高く、元本保証などあり得ない。

銀行の預金などは元本保証であるが、これは不確定要素が殆どなく、リターンも限られた金利のみであるからだ。つまり、銀行は預金者から集めたお金を企業等に貸し付けて金利を得ることで収入がほぼ確定しているので、預金者にほぼ確実に金利を支払えるのである。

しかし、こういった知識に疎い人達は、元本保証と勧められて信用したり、または自分で勝手に元本保証だと思い込んだりすることがある。だから、元本割れして損失が発生するとトラブルになったりする。

もちろん、勧誘した側に問題がある場合もある。仮に元本保証だと言って勧めているのであれば、それは詐欺であり、この場合は明らかに勧誘した方に問題がある。

しかし、顧客の方で勝手に元本保証と思い込んでしまった場合には、一概にどちらが悪いと言えないものである。勧めた側に説明不足があるかもしれないし、投資家の方が話を聞き逃しただけかもしれないからだ。

ただ、高リターンが狙える商品でそれが元本保証だと思ったとしたら、それはかなり都合のいい思い込みである。そんなに都合のいい話など、投資だけに限らずどこにもないと言っていいだろう。儲かることの裏には損することがある。儲けようとするならば、損をすることも覚悟しなければならないのだ。大損するかもしれないから大儲けするのである。そういう覚悟がなければ投資などしない方がよい。

大きなリスクが負えないのなら、小さなリスクで小さなリターンを狙うべきだ。その代わり、リスクを負った限りにおいては自分自身で責任を持って、それに対処しなければならない。責任も負わないでいい所だけを取ろうとしてはいけない。責任を負ったからこそ高リターンを手にする権利があるのだ。

元本保証のものなどないと思って、自分で責任の持てる範囲内で投資を始めるべきである。

第三十八章　損失補填

損失補填とはそもそも違法なものである。常識的に考えても、投資によって被った損失を会社が穴埋めするなどはおかしいと分かるだろう。全顧客に損失補填などしていたら、会社は潰れてしまう。ただ、何らかの見返りとして組織的に行ったり営業マンが個人的に行ったりすることがあり得る。かつては証券会社が総会屋に損失補填していたという事件もあった。

投資とは、自己責任の下にリスクを負うことで利益が生まれてくるのである。損失補填の約束の下に投資を行うのは、前章の元本保証と同じことで、何のリスクを負うこともなく、莫大な利益を手にする可能性があるということである。明らかにルール違反である。だから、当然法律で禁止されている。

それにもかかわらず、営業担当者のなかには顧客に損失補填を約束した上で取引に参加させる人もいる。最悪の場合はその旨を一筆書いていたりもする。このケースでは営業担当者が自分の成績を上げる為に仕方なくやってしまった、という場合が殆どだろう。しかし、これは全く愚かなことである。

顧客が儲けた場合は損失補填をする必要はないので問題はないが、損した場合は当然問題になってくる。営業担当者は、損失補填の約束をしていたならば自腹を切って損失を穴埋めすることになる。少額であればまだいいが、リスクの大きいものだと思わぬ損失が発生してしまうことだってある。ひどい時は借金までしてしまう営業担当者もいるくらいである。損失補填をしても、契約を取ってきたことで給料は多少なりとも増えたであろうが、こうなってしまえば何の為だったのか分からなくなる。目先の成績にこだわってしまった為に大変な目にあってしまうかもしれないのだ。全く無駄なことであり、やめた方がいい。

逆に、顧客の方から損失補填を言ってくるケースもある。損をしたくない気持ちは分かるが、ルール違反なので、それなら投資をやらない方がいい。

そもそも、リスクを負えない人には投資をやる資格はない。損をするかもしれないリスクを負うからこそ儲かる可能性も出てくるのである。

極端なことを言えば、全く何もしなければ損も得もしない。何らかの行動を起こすことによって、そこにリスクが発生してくるのである。そのリスクを負えない人にはリターンも発生しないのである。

損失補填など言ってくる営業担当者など信用してはならないし、自分からそんなことを要求するのは言語道断である。

投資をするなら正々堂々と自己責任を負ってやるべきだ。

第三十九章　教育について

私の個人的な意見ではあるが、学校教育の場で投資について学ぶ機会を設けてみてはどうかと思う。もちろん、そんなに時間を割く必要はない。それに、教える人間の方で投資を勧めるようなことがあってはならないと思う。する・しないはその人の自由だからである。投資の勉強を通して、自己責任の原則やリスクやリターンの関係などを簡単に教えてもらえばいいと思う。とりあえず投資というものに接する機会を持たせて欲しいのである。高校生くらいで教えるのが適当ではないかと考える。

日本人が投資を好まないのは、その性質もあるだろうが、知識が乏しいということも大きいと思う。そういう人が身近に損した人の話などを聞くと、まず投資はしないだろう。偏見だけが生まれるからだ。

それから、あまり知識がない為につまらない勧誘に騙されて、気付いたら多大な損害を被っていたということがよくある。特に人の好い老人などは狙われるものである。年をとってから急に学ぶのはなかなか大変であろうから、若いうちから学ばせるべきであると思う。

これは投資に限ったことではない。

法律の無知につけ込んで騙したりする人間は必ず出てくる。クーリングオフだって、便利な制度ではあるが、何でもかんでも解約出来る訳ではない。商品によって期間が異なったり、その期間も申し込みをしてからカウントするのか商品が届いてからカウントするかなどで全く違ってくる。こういう事柄も学校教育の場で教えられればいいと思う。

もちろん、関心のある人は自ら色々な場所に出かけて学んだり、本を買って独学したりするだろう。投資であれば、投資セミナーなどに参加したりするだろう。しかし、何らかのきっかけで関心を持った人々はそれでいいだろうが、全くそういうものに触れる機会もないまま、何の関心も待たない人もいる。小さいうちから色々なものに接する機会を作れば、たくさんの選択肢が出てきて、色々な可能性が生まれてくると思う。

投資も一つの手段である。何も知らないのでは興味がないのも当然であるが、それではもったいないと思う。そういうことが少しでも減るように、学ぶ機会を設けるべきだと思う。

学んだ上で、それでも関心がないというのならそれはそれでいい。選択するのは個人の自由である。

知らないことには関心を持ちようがない。しかし、知っていれば関心を持つことは出来るし、関心を持てば自分から学ぼうとするであろう。

若いうちから投資について学ぶ機会を作っていただければ幸いに思う。

第四十章　投資は難しいものではない

史上稀に見る超低金利が続いたり、年金制度の厳しい現状から来る将来の不安から、投資に対するニーズは高まっていると思う。

日本人には投資に対する偏見がまだまだ根強い。だが国により許認可はおりているし、法律できちんと取引内容も整備されている。働いてお金を稼ぐのも投資により利益を得るのも同じことである。決して「楽して儲けている」と非難の目を向けるべきではない。一つの手段なのである。

もちろん、一つの手段であるから、投資をするのもしないのも人それぞれ自由である。する・しないについては善し悪しなどないし、嫌であれば無理してまでやるものではない。

ただ、やるからにはきちんと自己責任の原則に従ってもらいたい。自分で責任を負うのであるから、人から何を言われようが、自分で最終的な判断を下さなければならない。もちろん人の意見を参考にするのはいいが、それを採用するもしないも自分が決めるのであり、それを人のせいにしてはいけない。

自分のお金を自分で動かすのであるから自分を信じて行動すべきである。他人に頼り過ぎてはいけない。

また、リスクとリターンを睨みながら、計画を持って臨まなければならない。自分で責任をとれないようなリスクを負ってはいけない。

人がいくら儲かろうが、「人は人。自分は自分」と割り切って、自分のペースでやっていくべきである。目先の欲に目がくらんではいけない。

また、常に冷静にという訳にはいかないだろうが、熱くなり過ぎてはいけない。よいこともあれば、悪いこともある。よい時ほど悪い時のことを考えて、いざという時の逃げ道を見出しておくべきである。逆に、悪い時に悲観的に考えても事態が好転することはないので、必ずいい時がくると信じて努力した方がよい。目先の事柄に一喜一憂しても仕方がない。

投資には絶対ということはないので、どんなに可能性が高いと思っても過信してはいけない。実際にやってみないと何が起こるか分からないものである。

それから、途中でいくら上手くいっていても最後に損をしていたら同じである。途中経過に満足することなく、現実に利益を手にするまでは油断してはならない。勝負は最後まで分からないものだ。

投資の世界にプロや素人というものはない。初めてだからといって必ず損するものではないし、何度もやっているからといって必ず儲かる訳ではない。

投資は決して難しいものではない。誰でも気軽に出来るものである。

おかしな偏見を持っていたら、そういうものは一度捨てて、投資というものを考えていただければ幸いである。

著者プロフィール
渡邊 利春（わたなべ としはる）
1975年生まれ。福岡県出身。
九州大学理学部数学科卒業。

投資論

2005年4月15日　初版第1刷発行

著　者　渡邊 利春
発行者　瓜谷 綱延
発行所　株式会社文芸社
〒160-0022　東京都新宿区新宿1－10－1
電話　03-5369-3060（編集）
03-5369-2299（販売）

印刷所　東洋経済印刷株式会社

ISBN4-8355-8826-6